LES
~~AU~~TEURS LATINS

EXPLIQUÉS D'APRÈS UNE MÉTHODE NOUVELLE

PAR DEUX TRADUCTIONS FRANÇAISES

L'UNE LITTÉRALE ET JUXTALINÉAIRE PRÉSENTANT LE MOT A MOT FRANÇAIS
EN REGARD DES MOTS LATINS CORRESPONDANTS
L'AUTRE CORRECTE ET PRÉCÉDÉE DU TEXTE LATIN

avec des sommaires et des notes

PAR UNE SOCIÉTÉ DE PROFESSEURS

ET DE LATINISTES

VIRGILE

—

LE Xe LIVRE DE L'ÉNÉIDE

EXPLIQUÉ LITTÉRALEMENT
PAR M. SOMMER
TRADUIT EN FRANÇAIS ET ANNOTÉ
PAR M. A. DESPORTES

PARIS

LIBRAIRIE DE L. HACHETTE ET Cie
RUE PIERRE-SARRAZIN, No 14
(Près de l'École de médecine)

LES

AUTEURS LATINS

EXPLIQUÉS D'APRÈS UNE MÉTHODE NOUVELLE

PAR DEUX TRADUCTIONS FRANÇAISES

Ce livre a été expliqué littéralement par M. Sommer, docteur ès lettres, agrégé des classes supérieures, traduit en français et annoté par M. Aug. Desportes, traducteur des Satires de Perses.

Paris. — Imprimerie de Ch. Lahure et Cie, rue de Fleurus, 9.

LES
AUTEURS LATINS

EXPLIQUÉS D'APRÈS UNE MÉTHODE NOUVELLE

PAR DEUX TRADUCTIONS FRANÇAISES

L'UNE LITTÉRALE ET JUXTALINÉAIRE PRÉSENTANT LE MOT A MOT FRANÇAIS
EN REGARD DES MOTS LATINS CORRESPONDANTS
L'AUTRE CORRECTE ET PRÉCÉDÉE DU TEXTE LATIN

avec des sommaires et des notes

PAR UNE SOCIÉTÉ DE PROFESSEURS

ET DE LATINISTES

VIRGILE

DIXIÈME LIVRE DE L'ÉNÉIDE

PARIS

LIBRAIRIE DE L. HACHETTE ET Cie

RUE PIERRE-SARRAZIN, N° 14

(Près de l'École de médecine)

1861

AVIS

On a réuni par des traits, dans la traduction juxtalinéaire, les mots français qui traduisent un seul mot latin.

On a imprimé en *italiques* les mots qu'il était nécessaire d'ajouter pour rendre intelligible la traduction littérale, et qui n'avaient pas leur équivalent dans le latin.

Enfin, les mots placés entre parenthèses, dans le français, doivent être considérés comme une seconde explication, plus intelligible que la version littérale.

ARGUMENT ANALYTIQUE.

Jupiter assemble le conseil des dieux, et les exhorte à la concorde. Vénus et Junon se plaignent à lui tour à tour, et se font l'une à l'autre, au sujet des Troyens, les plus vifs reproches, vers 1-95. —Jupiter, après avoir inutilement tenté de réconcilier les deux déesses, déclare qu'il n'embrassera le parti ni de l'une ni de l'autre, et qu'il abandonnera au destin le succès de la guerre, 96-117. — Les Rutules préparent une seconde attaque, et les Troyens se disposent à se défendre. Énée revient enfin avec une armée auxiliaire et une flotte de trente vaisseaux, 118-214. — Il rencontre dans le trajet les nymphes marines qui étaient auparavant les vaisseaux de sa flotte; elles lui apprennent la perte de cette flotte et les dangers que courent les Troyens qu'il a laissés dans le camp, 215-255. — Énée débarque, prend terre malgré Turnus, et range son armée en bataille. Les Rutules accourent et engagent le combat. Pallas est tué par Turnus. Énée venge sa mort en faisant un horrible carnage de ses ennemis, 256-601. — Junon, inquiète pour Turnus, obtient de Jupiter de le dérober au péril. Elle envoie devant lui un fantôme léger, semblable à Énée, qui s'éloigne à mesure que Turnus le suit, et monte sur un vaisseau pour engager le Rutule à y monter. A peine Turnus y est-il entré, que Junon elle-même coupe le câble, et Turnus est emporté sur le rivage d'Ardée, 606-688. — Mézence, en l'absence de Turnus, prend le commandement, et répand la terreur parmi les Troyens. Énée combat Mézence et le blesse. Lausus, qui veut venger la mort de son père, reçoit la mort de la main d'Énée, 689-832. — A cette nouvelle, Mézence retourne au combat, attaque de nouveau Énée, et tombe frappé par le héros troyen.

ÆNEIS.

LIBER X.

Panditur interea domus omnipotentis Olympi,
Conciliumque vocat divum pater atque hominum rex
Sideream in sedem, terras unde arduus omnes,
Castraque Dardanidum adspectat populosque Latinos.
Considunt tectis bipatentibus; incipit ipse :   5
  « Cœlicolæ magni, quianam sententia vobis
Versa retro, tantumque animis certatis iniquis ?
Abnueram bello Italiam concurrere Teucris :
Quæ contra vetitum discordia ? Quis metus aut hos,
Aut hos arma sequi, ferrumque lacessere suasit ?   10
Adveniet justum pugnæ, ne arcessite, tempus,
Quum fera Carthago Romanis arcibus olim
Exitium magnum atque Alpes immittet apertas :

Cependant s'ouvre, dans l'Olympe, le palais de la toute-puissance: le père des dieux, le maître souverain des hommes, rassemble les immortels sous les lambris étoilés d'où il contemple, du haut de son trône, toutes les contrées de la terre, et le camp des Troyens et les peuples du Latium. Les dieux prennent place dans l'enceinte ouverte de deux côtés, et Jupiter commence en ces termes :

« Augustes habitants des cieux, pourquoi vos sentiments ont-ils changé ? et d'où vient cet esprit de haine qui vous anime les uns contre les autres ? J'avais défendu que l'Italie s'armât contre les Troyens : pourquoi la discorde s'est-elle allumée, au mépris de mes ordres, entre les deux nations ? Quel sujet de crainte leur met à l'une et à l'autre les armes à la main, et les pousse aux combats ? Les temps viendront, ne les prévenez pas, où les guerres seront légitimes, quand la féroce Carthage, s'ouvrant un passage à travers les Alpes, déchaînera contre le Capitole la désolation et la mort. Vous don-

ÉNÉIDE.

LIVRE X.

Interea domus	Cependant la demeure
omnipotentis Olympi	du tout-puissant Olympe
panditur,	s'ouvre,
paterque divum	et le père des dieux
atque rex hominum	et le roi des hommes
vocat concilium	appelle le conseil *des dieux*
in sedem sideream,	dans le séjour étoilé,
unde arduus	d'où élevé
adspectat omnes terras,	il voit toutes les terres,
castraque Dardanidum,	et le camp des descendants-de-Dardanus,
populosque Latinos.	et les peuples Latins.
Considunt	Ils s'asseyent-ensemble
tectis	sous le toit (dans le palais)
bipatentibus;	ouvert-à-deux-battants;
ipse incipit :	lui-même commence :
« Magni cœlicolæ,	« Grands habitants-du-ciel,
quianam sententia	pourquoi donc la volonté
versa retro	*a-t-elle été* tournée en arrière (changée)
vobis,	à vous (en vous),
certatisque	et *pourquoi* combattez-vous
animis tantum iniquis ?	avec des sentiments si hostiles ?
Abnueram	J'avais refusé (défendu)
Italiam concurrere Teucris	l'Italie se heurter avec les Troyens
bello :	par la guerre :
quæ discordia	quelle *est cette* discorde
contra vetitum ?	contre *ma* défense?
Quis metus	Quelle crainte
suasit aut hos aut hos	a persuadé ou à ceux-ci ou à ceux-là
sequi arma,	de suivre (prendre) les armes,
lacessereque ferrum ?	et de provoquer le fer (la guerre)?
Tempus justum pugnæ	Le moment légitime du combat
adveniet,	arrivera,
ne arcessite,	ne *l'*appelez pas,
quum olim fera Carthago	lorsqu'un jour la farouche Carthage
immittet arcibus Romanis	enverra aux collines Romaines
magnum exitium	une grande destruction
atque Alpes apertas :	et les Alpes ouvertes (les franchira):

Tum certare odiis, tum res rapuisse licebit.
Nunc sinite, et placitum læti componite fœdus. »   15
   Jupiter hæc paucis; at non Venus aurea contra
Pauca refert :
« O pater, o hominum divumque æterna potestas !
Namque aliud quid sit quod jam implorare queamus ?
Cernis ut insultent Rutuli, Turnusque feratur   20
Per medios insignis equis, tumidusque secundo
Marte ruat : non clausa tegunt jam mœnia Teucros.
Quin intra portas atque ipsis prælia miscent
Aggeribus murorum, et inundant sanguine fossæ.
Æneas ignarus abest. Nunquamne levari   25
Obsidione sines? muris iterum imminet hostis
Nascentis Trojæ; nec non exercitus alter,
Atque iterum in Teucros Ætolis surgit ab Arpis
Tydides; equidem, credo, mea vulnera restant,
Et tua progenies mortalia demoror arma !   30

nerez alors un libre cours à vos haines; alors seront permises la
guerre et ses fureurs. Maintenant cessez vos discordes, et souscrivez
avec joie à une alliance. »
   Jupiter parla ainsi, en peu de mots. Mais la belle Vénus exhale
plus longuement ses plaintes : « O mon père! ô maître éternel des
hommes et des dieux (car à quelle autre puissance que la vôtre pou-
vons-nous avoir recours aujourd'hui?), vous voyez l'insolence des
Rutules, et comme l'audacieux Turnus, tout fier des faveurs de Mars,
précipite au milieu de nos bataillons ses coursiers effrénés. Déjà les
Troyens ne sont plus en sûreté derrière leurs murailles : dans l'enceinte même de leur ville, et jusque dans leurs retranchements, on
les force d'en venir aux mains, et les fossés regorgent de sang. Énée
absent l'ignore. Permettrez-vous qu'ils soient à jamais condamnés
aux horreurs d'un siége? Troie, à peine renaissante, voit déjà un
nouvel ennemi, une nouvelle armée menacer ses remparts; pour la
seconde fois, un fils de Tydée se lève des champs d'Arpos et va fondre sur les Troyens Moi-même, sans doute, je dois m'attendre à
de nouvelles blessures; moi, votre fille, je suis réservée encore aux

tum licebit certare odiis ,	alors il sera-permis de lutter de haines ,
tum	alors *il sera permis*
rapuisse res.	d'entraîner (de précipiter) les événements.
Nunc sinite,	Maintenant laissez *les choses en repos*,
et læti	et joyeux
componite fœdus	rapprochez (concluez) une alliance
placitum. »	qui ait plu (convenue entre vous.) »
Jupiter hæc	Jupiter *dit* ces choses
paucis ;	en peu de *paroles*;
at Venus aurea	mais Vénus d'-or (belle)
non refert contra	ne rapporte (prononce) pas en-réponse
pauca :	peu de *paroles :*
« O pater,	« O *mon* père
o potestas æterna	ô pouvoir (maître) éternel ,
hominum divumque !	des hommes et des dieux !
Namque quid sit aliud	Car que pourrait-il y avoir d'autre
quod jam	que désormais
queamus implorare ?	nous puissions implorer ?
Cernis ut Rutuli insultent,	Tu vois comme les Rutules sont-insolents ,
Turnusque feratur	et *comme* Turnus se porte (s'avance)
per medios	à travers le milieu des *guerriers*
insignis equis ,	remarquable par *ses* chevaux ,
ruatque	et *comme* il se précipite
tumidus Marte secundo :	enflé (fier) de Mars favorable (du succès) :
jam mœnia clausa	déjà *leurs* remparts fermés
non tegunt Teucros.	ne protégent plus les Troyens.
Quin	Bien plus
miscent prœlia	ils mêlent (engagent) des combats
intra portas	en dedans des portes
atque aggeribus ipsis	et sur les élévations mêmes
murorum ,	des murs,
et fossæ	et les fossés
inundant sanguine.	regorgent de sang.
Æneas ignarus abest.	Énée qui-*l*'ignore est-absent.
Sinesne nunquam	Ne permettras-tu jamais
levari obsidione?	*eux* être délivrés d'un siége ?
hostis imminet iterum	l'ennemi menace de nouveau
muris Trojæ nascentis;	les murs de Troie naissante ;
nec non alter exercitus ,	et aussi une seconde armée,
atque iterum Tydides	et pour-la-seconde-fois un fils-de-Tydée
surgit in Teucros	se lève contre les Troyens
ab Arpis Ætolis :	d'Arpos l'Étolienne :
equidem, credo ,	assurément , je crois ,
mea vulnera	mes blessures
restant,	subsistent (me sont réservées de nouveau),
et tua progenies	et *moi* ta race (ta fille.
demoror	j'attends (je suis exposée à)

Si sine pace tua atque invito numine Troes
Italiam petiere, luant peccata, neque illos
Juveris auxilio : sin tot responsa secuti,
Quæ superi Manesque dabant, cur nunc tua quisquam
Vertere jussa potest? aut cur nova condere fata?   35
Quid repetam exustas Erycino in littore classes?
Quid Tempestatum regem ventosque furentes
Æolia excitos? aut actam nubibus Irim?
Nunc etiam Manes, hæc intentata manebat
Sors rerum, movet, et superis immissa repente   40
Allecto, medias Italum bacchata per urbes.
Nil super imperio moveor : speravimus ista,
Dum fortuna fuit : vincant, quos vincere mavis.
Si nulla est regio Teucris quam det tua conjux
Dura ; per eversæ, genitor, fumantia Trojæ   45
Excidia obtestor, liceat dimittere ab armis
Incolumem Ascanium ; liceat superesse nepotem.

coups d'un mortel. Si sans votre aveu et contre votre volonté
souveraine, les Troyens ont gagné l'Italie, qu'ils expient leur audace, qu'ils soient privés de votre secours. Mais s'ils n'ont fait que
suivre tant d'oracles des cieux et des enfers, qui donc ose aujour-
d'hui braver vos décrets et créer à son gré de nouveaux destins?
Rappellerai-je ici l'embrasement de nos vaisseaux sur les rivages
d'Éryx? le roi des Tempêtes excité contre nous, les vents furieux
déchaînés dans l'Éolie, et les messages d'Iris tant de fois envoyée
des nues? Maintenant voici qu'Alecton (seule puissance qu'on n'eût
point encore soulevée contre nous), s'élançant tout à coup des gouffres du Tartare à la lumière des cieux, remplit de ses fureurs les
villes de l'Italie. Ce n'est plus l'espoir de l'empire qui me touche :
je m'en suis flattée tant que la fortune l'a permis ; qu'ils triomphent,
ceux que votre faveur appelle à triompher. S'il n'est point sur la
terre d'asile que ne ferme aux Troyens votre épouse inexorable, ô mon
père, je vous en conjure par les ruines fumantes d'Ilion renversé, per-
mettez du moins que je retire Ascagne vivant du milieu des combats ;

arma mortalia !	des armes mortelles !
Si Troes petiere Italiam	Si les Troyens ont gagné l'Italie
sine tua pace	sans ton aveu
atque numine invito,	et *ta* volonté-divine s'y refusant,
luant peccata,	qu'ils expient *leurs* fautes,
neque juveris illos auxilio :	et n'aide pas eux de *ton* secours :
sin	mais si *ils ont gagné l'Italie*
secuti tot responsa,	suivant (obéissant à) tant de réponses,
quæ superi Manesque	que les *dieux* d'en-haut et les Mânes
dabant,	*leur* donnaient,
cur quisquam potest nunc	pourquoi quelqu'un peut-il à présent
vertere tua jussa?	bouleverser (renverser) tes ordres ?
aut cur	ou pourquoi *peut-il*
condere nova fata?	établir de nouveaux destins ?
Quid repetam	Pourquoi rappellerais-je
classes exustas	la flotte brûlée
in littore Erycino ?	sur le rivage d'-Éryx ?
quid	pourquoi *rappellerais-je*
regem Tempestatum	le roi des Tempêtes
ventosque furentes	et les vents furieux
excitos Æolia?	appelés (déchaînés) d'Éolie ?
aut Irim actam nubibus ?	ou Iris envoyée des nuages?
Nunc movet	Maintenant elle met-en-mouvement
etiam Manes,	même les Mânes,
hæc sors rerum	cette partie des choses
manebat intentata,	restait non-tentée,
et Allecto,	et Alecton ,
immissa repente	envoyée tout à coup
superis,	chez *ceux* d'en-haut (les hommes),
bacchata	se livre-à-*ses*-transports
per medias urbes Italum.	à travers le milieu des villes des Italiens.
Moveor nil	Je ne suis touchée en rien
super imperio :	au-sujet-de l'empire :
speravimus	nous avons espéré
ista :	ces *biens*,
dum fortuna fuit :	tant que la fortune fut *à nous* :
vincant,	que *ceux-là* soient-vainqueurs,
quos mavis vincere.	que tu préfères être-vainqueurs.
Si est nulla regio	S'il n'est aucune contrée
quam tua conjux dura	que ton épouse dure (acharnée)
det Teucris ;	donne aux Troyens ;
obtestor, genitor,	je *t'en* conjure , *ô mon père*,
per excidia fumantia	par les ruines fumantes
Trojæ eversæ,	de Troie renversée ,
liceat	qu'il soit-permis
dimittere ab armis	de renvoyer des armes (éloigner de la
Ascanium incolumem ;	Ascagne sain-et-sauf ; [guerre),

Æneas sane ignotis jactetur in undis,
Et, quamcumque viam dederit Fortuna, sequatur :
Hunc tegere et diræ valeam subducere pugnæ.   50
Est Amathus, est celsa mihi Paphos, atque Cythera,
Idaliæque domus¹ : positis inglorius armis
Exigat hic ævum ; magna ditione jubeto
Carthago premat Ausoniam : nihil urbibus inde
Obstabit Tyriis. Quid pestem evadere belli   55
Juvit, et Argolicos medium fugisse per ignes,
Totque maris vastæque exhausta pericula terræ,
Dum Latium Teucri recidivaque Pergama quærunt?
Non satius cineres patriæ insedisse supremos,
Atque solum quo Troja fuit? Xanthum et Simoenta   60
Redde, oro, miseris ; iterumque revolvere casus
Da, pater, Iliacos Teucris. » Tum regia Juno,

souffrez que je me conserve un petit-fils. Qu'Énée soit encore, s'il
le faut, le jouet de mers inconnues ; qu'il suive, quelle qu'elle soit,
la route que lui marquera la Fortune ; mais, cet enfant, que je puisse
le cacher, le soustraire aux horreurs de la guerre. J'ai Amathonte,
la haute Paphos, j'ai mes demeures de Cythère et d'Idalie : qu'Ascagne, déposant ses armes, puisse y couler des jours tranquilles et
ignorés. Ordonnez que Carthage pèse de toute sa domination sur
l'Ausonie : rien désormais de notre part ne fera obstacle à la gran
deur tyrienne. Que sert aux Troyens d'avoir échappé aux derniers
malheurs de la guerre, d'avoir pu se frayer un passage à travers les
feux des Grecs ? Que leur sert d'avoir épuisé tous les dangers de la
mer et de la terre pour chercher le Latium et une nouvelle Pergame ?
Ne valait-il pas mieux rester sur les cendres éteintes de leur patrie, sur
le sol où fut Troie ? Rendez, je vous en supplie, rendez à ces infortunés
le Xanthe et le Simoïs ; accordez aux Troyens, ô mon père, de recom-
mencer le cours des longs malheurs d'Ilion. » Alors la reine des

liceat	qu'il soit-permis
nepotem superesse.	*mon* petit-fils survivre.
Æneas sane	Qu'Énée assurément (j'y consens)
jactetur in undis ignotis ,	soit ballotté sur des ondes inconnues ,
et, quamcumque viam	et, quelle que soit la route
Fortuna dederit ,	que la Fortune *lui* aura donnée ,
sequatur :	qu'il *la* suive :
valeam	*mais* que j'aie-le-pouvoir
tegere	de couvrir (mettre à l'abri)
hunc	celui-ci (Ascagne)
et subducere diræ pugnæ.	et de *le* soustraire au cruel combat.
Amathus est mihi ,	Amathonte est à moi ,
Paphos celsa est ,	Paphos élevée est *à moi* ,
atque Cythera ,	et Cythère ,
domusque Idaliæ :	et la demeure d'Idalie :
exigat hic ævum	qu'il passe là *sa* vie
inglorius	sans-gloire
armis positis ;	les armes étant déposées;
jubeto Carthago	ordonne que Carthage
premat Ausoniam	opprime l'Ausonie
magna ditione :	de *sa* grande (puissante) domination :
inde	de là (du côté d'Ascagne)
nihil obstabit	rien ne fera-obstacle
urbibus Tyriis.	aux villes Tyriennes.
Quid juvit	Que *lui* a-t-il servi
evadere pestem belli ,	d'échapper au fléau de la guerre ,
et fugisse medium	et d'avoir fui *en passant* au-milieu
per ignes Argolicos ,	à travers les feux des-Grecs ,
totque pericula	*et que lui ont servi* tant de périls
maris vastæque terræ	de (sur) la mer et la vaste terre
exhausta,	épuisés (affrontés, courus) ,
dum Teucri	tandis que les Troyens
quærunt Latium	cherchent le Latium
Pergamaque recidiva?	et Pergame renaissante?
Non satius	N'*était-il* pas préférable
insedisse	de rester-assis-sur (d'occuper)
cineres supremos patriæ ,	les cendres suprêmes de la patrie ,
atque solum	et le sol
quo fuit Troja?	sur lequel (où) fut Troie?
Redde , oro ,	Rends, je *t'en* prie ,
miseris	aux *Troyens* malheureux
Xanthum et Simoenta ;	le Xanthe et le Simoïs;
daque Teucris , pater ,	et donne aux Troyens, *ô père des dieux,*
revolvere	de rouler-une-seconde-fois (recommen-
iterum	derechef [cer)
casus Iliacos. »	les malheurs d'-Ilion. »
Tum regia Juno ,	Alors la royale Junon ,

1.

Acta furore gravi : « Quid me alta silentia cogis
Rumpere, et obductum verbis vulgare dolorem ?
Ænean hominum quisquam divumque subegit   65
Bella sequi, aut hostem regi se inferre Latino ?
Italiam fatis petiit auctoribus, esto,
Cassandræ impulsus furiis : num linquere castra
Hortati sumus, aut vitam committere ventis ?
Num puero summam belli, num credere muros ?   70
Tyrrhenamve fidem aut gentes agitare quietas ?
Quis deus in fraudem, quæ dura potentia nostri
Egit ? ubi hic Juno, demissave nubibus Iris ?
Indignum est Italos Trojam circumdare flammis
Nascentem, et patria Turnum consistere terra,   75
Cui Pilumnus avus, cui diva Venilia mater :
Quid face Trojanos atra vim ferre Latinis,
Arva aliena jugo premere atque avertere prædas ?
Quid soceros legere, et gremiis abducere pactas ;

dieux, transportée de colère : « Pourquoi me forcez-vous de rompre
un profond silence, et de répandre en paroles des douleurs que j'en-
fermais dans mon cœur ? Qui donc des mortels ou des dieux a con-
traint votre Énée à chercher les combats, et à se déclarer l'ennemi
du roi Latinus ? Il est venu en Italie, conseillé par les destins, ou
bien plutôt poussé par les fureurs de Cassandre. Mais lui avons-nous
persuadé d'abandonner son camp, de mettre sa vie à la merci des
vents ? Est-ce nous qui lui avons dit de confier à un enfant et le
sort de la guerre et la défense de ses murailles ? de tenter la foi des
Tyrrhéniens et d'agiter des nations paisibles ? Quel dieu l'a poussé
dans ces fautes ? Où est ici ma funeste influence ? Qu'ont fait à cela
et Junon et les messages d'Iris ? Quoi ! c'est un crime aux peuples
Italiens d'entourer de flammes le berceau d'une nouvelle Troie ; c'est
un crime à Turnus de se défendre dans sa patrie, lui qui a Pilumnus
pour aïeul, et la divine Vénilia pour mère ! Et que sera-ce donc si,
s'armant d'une torche incendiaire, les Troyens portent leurs fureurs
chez les Latins, font peser leur joug sur une terre étrangère, et se
gorgent de ses dépouilles ? Que sera-ce s'ils viennent s'imposer pour
gendres, arracher des bras de leurs mères les épouses promises, im-

acta furore gravi :
« Quid cogis me
rumpere alta silentia,
et vulgare verbis
dolorem obductum ?
Quisquam hominum
divumque
subegit Ænean
sequi bella,
aut se inferre hostem
regi Latino ?
Petiit Italiam
fatis auctoribus, esto,
impulsus furiis Cassandræ:
num sumus hortati
linquere castra,
aut committere vitam
ventis ?
Num
credere puero
summam belli,
num
muros ?
agitareve
fidem Tyrrhenam,
aut gentes quietas ?
Quis deus,
quæ potentia dura nostri
egit in fraudem ?
ubi hic Juno,
Irisve demissa nubibus ?
Est indignum
Italos circumdare flammis
Trojam nascentem,
et Turnum consistere
terra patria,
cui Pilumnus avus,
cui diva Venilia mater :
quid
Trojanos ferre vim Latinis
face, atra,
premere jugo
arva aliena
atque avertere prædas ?
Quid
legere soceros,
et abducere pactas

poussée par une fureur violente :
« Pourquoi forces-tu moi
à rompre un profond silence,
et à divulguer (dévoiler) par des paroles
un ressentiment caché ?
Personne des hommes
et des dieux
a-t-il poussé Énée
à poursuivre (chercher) la guerre,
ou à se porter ennemi
au roi Latinus ?
Il a gagné l'Italie
les destins *étant* conseillers, soit,
poussé par le délire de Cassandre :
est-ce que nous *l'*avons exhorté
à abandonner *son* camp,
ou à confier *sa* vie
aux vents ?
Est-ce que *nous l'avons exhorté*
à remettre à un enfant
la somme (conduite) de la guerre,
est-ce que *nous l'avons exhorté*
à lui confier ses murs ?
ou à agiter (solliciter)
la foi (alliance) tyrrhénienne,
ou *à agiter* des nations tranquilles ?
Quel dieu,
quel pouvoir cruel de nous
*l'*a poussé dans le piége ?
où *est* ici Junon,
ou Iris envoyée des nuages ?
Il est indigne (révoltant)
les Italiens entourer de flammes
Troie naissante,
et Turnus tenir-bon
sur la terre de-sa-patrie (pour la défendre),
Turnus à qui *est* Pilumnus *pour* aïeul,
à qui *est* la déesse Vénilia *pour* mère :
qu'*est-ce donc* (n'est-il pas plus révoltant)
les Troyens apporter la violence aux Latins
avec une torche noire,
opprimer de *leur* joug
les campagnes d'-autrui
et détourner (emmener) du butin ?
Qu'*est-ce* (n'est-il pas plus révoltant)
de choisir (s'arroger) des beaux-pères,
et d'enlever des *filles* promises

Pacem orare manu, præfigere puppibus arma ?   80
Tu potes Ænean manibus subducere Graium,
Proque viro nebulam et ventos obtendere inanes ;
Et potes in totidem classem convertere nymphas :
Nos aliquid Rutulos contra juvisse nefandum est ?
Æneas ignarus abest ; ignarus et absit.   85
Est Paphos, Idaliumque tibi, sunt alta Cythera :
Quid gravidam bellis urbem et corda aspera tentas ?
Nosne tibi fluxas Phrygiæ res vertere fundo
Conamur ? nos ? an miseros qui Troas Achivis
Objecit ? Quæ causa fuit consurgere in arma   90
Europamque Asiamque, et fœdera solvere furto ?
Me duce, Dardanius Spartam expugnavit adulter ?
Aut ego tela dedi, fovive cupidine bella ?
Tunc decuit metuisse tuis : nunc sera querelis
Haud justis assurgis, et irrita jurgia jactas. »   95
    Talibus orabat Juno ; cunctique fremebant
Cœlicolæ assensu vario : ceu flamina prima,

plorer la paix, l'olivier à la main, et présenter la guerre sur leurs
vaisseaux hérissés d'armes? Vous pouvez bien dérober Énée à la fureur des Grecs, et mettre à la place du guerrier un nuage et des vents
impalpables; vous pouvez changer ses navires en nymphes de la
mer ; et ce sera un crime à moi d'avoir aidé de quelques secours les
Rutules! Énée l'ignore, il est absent : eh bien ! qu'il soit absent,
qu'il l'ignore. Vous avez pour lui Paphos, l'Idalie et la haute Cythère. Pourquoi donc provoquez-vous une ville belliqueuse et d'âpres
courages? Est-ce nous qui nous efforçons d'anéantir les débris mi-
sérables de la puissance phrygienne ? Nous ? N'est-ce donc pas plutôt
ceux qui livrèrent aux Grecs les malheureux Troyens? Quelle cause
a fait courir aux armes et l'Europe et l'Asie ? Quel rapt infâme a
rompu les traités? Est-ce moi qui conduisis dans les murs de Sparte
outragée l'adultère Dardanien? M'a-t-on vue lui fournir des armes
et allumer au flambeau de l'Amour les torches de la guerre ? C'est
alors qu'il fallait craindre pour vos chers Phrygiens : maintenant
vous venez trop tard élever d'injustes plaintes et d'inutiles débats. »
    Ainsi parlait Junon ; et tous les dieux, partagés en sentiments
divers, faisaient entendre le frémissement d'un murmure confus.

gremiis ;
orare pacem
manu,
præfigere arma puppibus ?
Tu potes subducere Æneam
manibus Graium,
obtendereque pro viro
nebulam et ventos inanes ;
et potes convertere classem
in totidem nymphas :
est nefandum
nos contra
juvisse aliquid Rutulos ?
Æneas ignarus abest ;
et absit ignarus.
Paphos, Idaliumque
est tibi,
alta Cythera sunt :
quid tentas
urbem gravidam bellis
et corda aspera ?
Nosne conamur
vertere fundo tibi
res fluxas Phrygiæ ?
nos ?
an qui objecit Achivis
miseros Troas ?
Quæ causa fuit
Europamque Asiamque
consurgere in arma,
et solvere fœdera
furto ?
Me duce,
adulter Dardanius
expugnavit Spartam ?
aut ego dedi tela,
fovive bella
cupidine ?
Tunc decuit
metuisse tuis :
nunc sera
assurgis
querelis haud justis,
et jactas jurgia irrita. »
    Juno orabat talibus;
cunctique cœlicolæ
fremebant assensu vario :

du sein *de leurs mères;*
de demander la paix
avec la main (l'olivier à la main),
de planter les armes sur les poupes?
Tu peux (tu as pu) soustraire Enée
aux mains des Grecs,
et présenter en place du guerrier
un nuage et des vents (airs) vides ;
et tu peux (tu as pu) changer *sa* flotte
en autant de nymphes :
il est abominable
nous de-notre-côté
avoir aidé en quelque chose les Rutules?
Enée qui-*l*'ignore est-absent ;
eh bien, qu'il soit-absent *l*'ignorant.
Paphos, et Idalie
sont à toi,
la haute Cythère est *à toi* :
pourquoi essayes-tu (provoques-tu)
une ville grosse de guerres (belliqueuse)
et des cœurs rudes ?
Est-ce' nous *qui* essayons
de renverser de fond *en comble* à toi
les affaires peu-solides de la Phrygie ?
est-ce nous ?
ou bien *celui* qui a exposé aux Grecs
les malheureux Troyens ?
Quelle cause a été (qui a été cause)
et l'Europe et l'Asie
se lever pour les armes (pour la guerre),
et délier (rompre) les alliances
par un larcin (un enlèvement) ?
Est-ce moi étant guide (sous ma conduite),
que l'adultère Dardanien
a pris-de-force Sparte ?
ou bien *est-ce* moi *qui* ai donné des armes,
ou *qui* ai échauffé (entretenu) la guerre
par l'amour ?
Alors il fut (eût été)-convenable
de craindre pour les tiens :
maintenant tardive (mais trop tard)
tu te lèves
pour des plaintes non justes,
et lances des reproches vains. »
    Junon parlait en de tels *termes,*
et tous les habitants-du-ciel
frémissaient avec un assentiment divers :

Quum deprensa fremunt silvis, et cæca volutant
Murmura, venturos nautis prodentia ventos.

 Tum pater omnipotens, rerum cui summa potestas,   100
Infit : eo dicente, deum domus alta silescit,
Et tremefacta solo tellus ; silet arduus æther ;
Tum Zephyri posuere ; premit placida æquora pontus.
« Accipite ergo animis, atque hæc mea figite dicta.
Quandoquidem Ausonios conjungi fœdere Teucris   105
Haud licitum, nec vestra capit discordia finem,
Quæ cuique est fortuna hodie, quam quisque secat spem,
Tros Rutulusve fuat, nullo discrimine habebo ;
Seu fatis Italum castra obsidione tenentur,
Sive errore malo Trojæ monitisque sinistris.   110
Nec Rutulos solvo : sua cuique exorsa laborem
Fortunamque ferent ; rex Jupiter omnibus idem.
Fata viam invenient. » Stygii per flumina fratris [1],

Ainsi le premier souffle des vents frémit, emprisonné dans le feuil-
lage, et roule de sourds murmures qui annoncent aux matelots la tempête prochaine.

 Enfin, le père tout-puissant, l'arbitre souverain de l'univers, se
prépare à parler. A sa voix, le haut palais des dieux se tait ; la terre
tremble, l'éther élevé fait silence, les Zéphyrs laissent tomber leur
haleine, et la mer aplanit son immobile surface. « Écoutez-moi,
dit-il, et que mes paroles restent gravées dans vos cœurs. Puisqu'on
ne peut unir par une alliance les Ausoniens et les Troyens, et qu'il
n'est point de fin à vos discordes, quelle que soit aujourd'hui la fortune, quelle que soit l'espérance qu'ils nourrissent chacun de son
côté, Troyen et Rutule, je n'aurai pour eux aucune préférence.
Soit que les destins aient arrêté le siége du camp troyen, soit que
les Troyens aient été abusés par une erreur funeste et des oracles
trompeurs, il n'importe. Je n'affranchis pas non plus les Rutules de
la loi commune. Chacun devra à sa conduite ou ses revers ou ses
succès. Jupiter est au même titre le roi de tous. Le destin saura bien
marcher à ses fins. » Il dit, et jurant par les ondes du Styx, soumis

ceu prima flamina, — comme les premiers souffles,
quum fremunt — lorsqu'ils frémissent
deprensa silvis, — arrêtés (emprisonnés) dans les forêts,
et volutant cæca murmura, — et roulent de sourds murmures,
prodentia nautis — qui annoncent aux matelots
ventos venturos. — les vents à-venir.

Tum pater omnipotens, — Alors le père tout-puissant,
cui potestas summa rerum, — à qui *est* le pouvoir souverain des choses,
infit : — commence *à parler* :
eo dicente, — lui parlant (tandis qu'il parle),
domus alta deum — la demeure élevée des dieux
silescit, — est-silencieuse,
et tellus — et (ainsi que) la terre
tremefacta solo ; — ébranlée dans *son* sol ;
arduus æther silet ; — le haut éther est-silencieux ;
tum Zephyri posuere ; — puis les Zéphyrs se sont abattus ;
pontus premit — la mer presse (abaisse)
æquora placida. — *ses* plaines paisibles.
« Accipite ergo animis, — « Recevez donc dans *vos* cœurs,
atque figite — et enfoncez-*y* (gravez-*y*)
hæc dicta mea. — ces paroles miennes.
Quandoquidem — Puisque
haud licitum — *il* n'*est* pas possible
Ausonios — les Ausoniens
conjungi Teucris fœdere, — être unis aux Troyens par une alliance,
nec vestra discordia — et *que* votre discorde
capit finem , — ne prend pas fin ,
quæ fortuna — quelque fortune
est hodie cuique, — qui soit aujourd'hui à chacun,
quam spem — quelque espérance
quisque secat, — que chacun coupe (suive),
fuat Tros Rutulusve, — qu'il soit Troyen ou Rutule,
habebo — je l'aurai (le traiterai)
nullo discrimine ; — sans aucune distinction ;
seu castra — soit que le camp
tenentur obsidione Italum — soit tenu par le siége des Italiens
fatis, — d'après les destins,
sive errore malo Trojæ — soit d'après une erreur malheureuse de
monitisque sinistris. — et des avertissements funestes. [Troie
Nec solvo Rutulos : — Et je ne délie (n'absous) pas les Rutules :
sua exorsa ferent cuique — ses entreprises apporteront à chacun
laborem fortunamque ; — le travail et la fortune *mérités* ;
rex Jupiter — le roi Jupiter
idem omnibus. — *sera* le même pour tous.
Fata invenient viam. » — Les destins trouveront *leur* route. »
Annuit — Il fit-un-signe-de-tête
per flumina — *en jurant* par les fleuves

Per pice torrentes atraque voragine ripas
Annuit, et totum nutu tremefecit Olympum.   115
Ilic finis fandi : solio tum Jupiter aureo
Surgit; cœlicolæ medium quem ad limina ducunt.

    Interea Rutuli portis circum omnibus instant
Sternere cæde viros, et mœnia cingere flammis.
At legio Æneadum vallis obsessa tenetur ;   120
Nec spes ulla fugæ. Miseri stant turribus altis
Nequidquam, et rara muros cinxere corona :
Asius Imbrasides, Hicetaoniusque Thymœtes,
Assaracique duo, et senior cum Castore Thymbris,
Prima acies; hos germani Sarpedonis ambo, .   125
Et Clarus, et Themon Lycia comitantur ab alta.
Fert ingens toto connixus corpore saxum,
Haud partem exiguam montis, Lyrnessius ' Acmon,
Nec Clytio genitore minor, nec fratre Menestheo.
Hi jaculis, illi certant defendere saxis ,   130

à son frère, par ses rives et les noirs torrents de ses gouffres de
bitume, il incline sa tête, et à ce signe tout l'Olympe a tremblé.
Ainsi finit le conseil. Alors Jupiter se lève de son trône d'or ; tous
les dieux l'entourent et le conduisent au seuil de son palais.

    Cependant les Rutules, attaquant à la fois toutes les portes du camp,
répandent partout le carnage et ceignent de flammes les murailles. La
troupe d'Énée est cernée dans ses retranchements, et tout espoir de
fuite lui est enlevé. Les malheureux se tiennent en vain au sommet
de leurs tours, et bordent les remparts de leurs rangs éclaircis Asius,
fils d'Imbrasis, Thymète d'Hicétaon, les deux Assaracus, le vieux
Thymbris avec Castor, se montrent au premier rang avec les deux
frères de Sarpédon, et Clarus et Thémon venus de la haute Lycie.
Plus loin s'avance, portant de tout l'effort de ses membres un roc
énorme, débris d'un mont, Acmon de Lyrnesse, non moins grand
que Clytius son père, non moins grand que son frère Mnesthée. Les
uns se défendent avec des javelots ou des pierres, ou font voler les

fratris Stygii,
de *son* frère du-Styx,

per ripas torrentes pice
par *leurs* rives brûlantes de poix

voragineque atra,
et d'un gouffre noir,

et tremefecit nutu
et il fit-trembler par *son* signe

Olympum totum.
l'Olympe tout-entier.

Hic finis fandi :
Ce *fut* la fin de parler (des discours) :

tum Jupiter
alors Jupiter

surgit solio aureo ;
se lève de *son* trône d'-or ;

quem cœlicolæ
Jupiter que les habitants-du-ciel

ducunt ad limina
conduisent à *son* seuil (à sa demeure)

medium.
placé au-milieu *d'eux* (en l'entourant).

  Interea Rutuli
  Cependant les Rutules

omnibus portis
à toutes les portes

circum
autour *du camp*

instant
continuent-activement

sternere viros cæde,
à abattre les guerriers par le carnage,

et cingere mœnia flammis
et à ceindre les remparts de flammes.

At legio Æneadum
Mais la troupe des compagnons-d'Enée

tenetur obsessa
est retenue assiégée

vallis ;
dans les retranchements ;

nec ulla spes fugæ.
et *il n'y a* aucun espoir de fuite.

Miseri stant nequidquam
Les malheureux se tiennent vainement

altis turribus,
sur les hautes tours,

et cinxere muros
et ont ceint (couvert) les murs

corona
d'une couronne (ligne circulaire)

rara :
rare (à rangs éclaircis) :

Asius Imbrasides,
Asius le fils-d'Imbrasis,

Thymœtesque
et Thymète

Hicetaonius,
fils-d'Hicétaon,

duoque Assaraci,
et les deux Assaracus,

et senior Thymbris
et le vieux Thymbris

cum Castore,
avec Castor,

prima acies ;
forment le premier rang ;

ambo germani Sarpedonis,
les deux frères de Sarpédon,

et Clarus, et Themon
et Clarus, et Thémon

ab alta Lycia,
de la haute Lycie,

comitantur hos.
accompagnent ceux-ci.

Acmon Lyrnessius,
Acmon de-Lyrnesse,

minor
qui n'est plus petit

nec Clytio genitore,
ni que Clytius *son* père,

nec Menestheo fratre,
ni que Mnesthée *son* frère,

connixus toto corpore,
ayant fait-effort de tout *son* corps,

fert ingens saxum,
apporte une grande roche,

partem haud exiguam
partie non faible

montis.
d'une montagne.

Hi certant
Ceux-ci luttent

defendere jaculis,
à défendre *le camp* avec des traits,

Molirique ignem, nervoque aptare sagittas.
Ipse inter medios, Veneris justissima cura,
Dardanius caput ecce puer detectus honestum,
Qualis gemma micat, fulvum quæ dividit aurum,
Aut collo decus aut capiti ; vel quale, per artem   135
Inclusum buxo aut Oricia terebintho [1],
Lucet ebur : fusos cervix cui lactea crines
Accipit, et molli subnectens circulus auro.
Te quoque magnanimæ viderunt, Ismare, gentes
Vulnera dirigere, et calamos armare veneno,   140
Mæonia generose domo, ubi pinguia culta
Exercentque viri, Pactolusque irrigat auro.
Affuit et Mnestheus, quem pulsi pristina Turni
Aggere murorum sublimem gloria tollit ;
Et Capys : hinc nomen Campanæ ducitur urbi.   145
     Illi inter sese duri certamina belli
Contulerant : media Æneas freta nocte secabat.
Namque, ut ab Evandro castris ingressus Etruscis,
Regem adit, et regi memorat nomenque genusque,

torches, ou posent la flèche sur la corde tendue. Le jeune Ascagne
lui-même, Ascagne, juste objet des soins de Vénus, brille au milieu
d'eux, et montre à découvert sa jeune et belle tête. Tel un rubis entouré d'or brille sur le sein ou sur le front d'une vierge ; tel éclate
l'ivoire enchâssé avec art dans l'ébène ou dans le bois de térébinthe.
Sur son cou blanc comme le lait retombent ses cheveux, dont un
cercle d'or retient les flottants anneaux. Toi aussi, Ismare, ces peuples magnanimes te virent lancer la mort de tes flèches trempées de
sucs vénéneux, toi illustre enfant de la Méonie, où l'homme cultive
un sol toujours fécond, et que le Pactole au sable d'or arrose de ses
ondes. Là on vit aussi Mnesthée, que la fuite de Turnus, chassé du
camp troyen, entourait encore d'une gloire sublime ; et Capys enfin,
dont la ville de Capoue tire son nom.
     Pendant que ces guerriers se partageaient les périls de cette lutte
sanglante, Énée, au milieu de la nuit, fendait les ondes. Du palais
d'Évandre arrivé au camp des Étrusques, il aborde leur roi, lui ap-
prend son nom, son origine ; lui dit ce qu'il attend de lui, ce que

illi saxis,
molirique ignem,
aptareque sagittas
nervo.
Ecce puer Dardanius ipse,
justissima cura Veneris,
detectus honestum caput,
micat inter medios,
qualis gemma,
quæ dividit
aurum fulvum,
decus aut collo aut capiti;
vel quale lucet ebur,
inclusum per artem
buxo,
aut terebintho Oricia :
cui cervix lactea,
et circulus auro molli
subnectens
accipit crines fusos.
Gentes magnanimæ
viderunt te quoque
dirigere vulnera,
et armare calamos veneno,
Ismare,
generose domo Mæonia,
ubi virique exercent
Pactolusque irrigat auro
pinguia culta.
Et Mnestheus affuit,
quem gloria pristina
Turni
pulsi aggere murorum
tollit sublimem ;
et Capys :
hinc nomen ducitur
urbi Campanæ.
 Illi contulerant inter sese
certamina duri belli :
Æneas media nocte
secabat freta.
Namque, ut ab Evandro
ingressus castris Etruscis,
adit regem,
et memorat regi
nomenque genusque,
quidve petat,

ceux-là avec des pierres,
et à lancer du feu,
et à adapter des flèches
au nerf (à l'arc).
Voilà que l'enfant Dardanien lui-même,
très-juste *objet de la* sollicitude de Vénus,
découvert quant à *sa* belle tête,
brille au milieu des *guerriers*,
tel qu'une pierre-précieuse,
qui partage (est enchâssée dans)
un or fauve,
ornement ou pour le cou ou pour la tête ;
ou *tel* que reluit l'ivoire,
enfermé au moyen de l'art
dans du buis,
ou dans le térébinthe d'-Oricie :
Ascagne à qui un cou blanc-comme-le-lait,
et un cercle d'or flexible
les retenant-par-dessous
reçoivent *ses* cheveux épars.
Ces nations courageuses
ont vu toi aussi
diriger des blessures (des traits),
et armer les flèches de poison,
ó Ismare,
issu noble d'une famille de-la-Méonie,
où et les hommes travaillent
et le Pactole arrose d'or
les grasses campagnes-cultivées.
Mnesthée aussi fut-présent,
que la gloire de-la-veille
de Turnus
chassé de l'élévation des murs
élève illustre;
et Capys :
d'ici (de Capys) le nom est tiré
à la ville de-Campanie (Capoue).
 Ceux-ci avaient engagé entre eux
les combats d'une rude guerre :
Enée au milieu de la nuit
fendait les détroits (les flots).
Car, dès que *s'éloignant* d'Evandre
et entré dans le camp Etrusque,
il aborde le roi,
et expose au roi
et *son* nom et *sa* race,
ou (et) ce qu'il demande,

Quidve petat, quidve ipse ferat, Mezentius arma 150
Quæ sibi conciliet, violentaque pectora Turni
Edocet, humanis quæ sit fiducia rebus
Admonet, immiscetque preces; haud fit mora; Tarcho
Jungit opes, fœdusque ferit : tum libera fatis
Classem conscendit jussis gens Lydia divum 155
Externo commissa duci. Æneia puppis
Prima tenet, rostro Phrygios subjuncta leones;
Imminet Ida super, profugis gratissima Teucris.
Hic magnus sedet Æneas, secumque volutat
Eventus belli varios; Pallasque sinistro 160
Affixus lateri jam quærit sidera, opacæ
Noctis iter, jam quæ passus terraque marique.

   Pandite nunc Helicona, deæ, cantusque movete¹;
Quæ manus interea Tuscis comitetur ab oris
Ænean, armetque rates, pelagoque vehatur. 165

   Massicus ærata princeps secat æquora tigri;

lui-même peut offrir; lui fait connaître les peuples que Mézence engage dans sa querelle et la violence impétueuse de Turnus. Il lui
représente l'incertitude des choses humaines, et mêle les prières à
ses avis. Tarchon n'hésite pas : il joint ses forces aux siennes, et
scelle sa nouvelle alliance. Alors, affranchi des défenses du destin,
le peuple Lydien s'abandonne à la conduite d'Énée, et, docile aux
ordres des dieux, monte avec lui sur sa flotte. La nef qui porte Énée
marche en tête; la proue est ornée de deux lions phrygiens; au-
dessus d'eux est l'Ida, si doux aux regard des Troyens exilés. Là
s'assied le grand Énée, méditant sur les événements divers de la guerre.
Près de lui, à sa gauche, est Pallas; tantôt il consulte le héros sur
les astres qui guident la course nocturne d'un navire, tantôt il se
fait raconter les infortunes qu'il a souffertes et sur la terre et sur
les flots.
   Maintenant, déesses, ouvrez-moi l'Hélicon, inspirez mes chants :
dites-moi quels guerriers venus des rivages toscans armèrent leurs
vaisseaux pour suivre Énée, et voguèrent avec lui sur les mers.
   Massicus, à leur tête, fend les flots de sa proue au tigre d'ai-

quidve ferat ipse,	ou (et) ce qu'il apporte lui-même,
. edocet quæ arma	*lui* apprend quelles armes
Mezentius sibi conciliet,	Mézence se concilie (s'allie),
pectoraque violenta Turni,	et le cœur violent de Turnus,
admonet	*l'*avertit
quæ fiducia sit	quelle *faible* confiance peut être
rebus humanis,	dans les choses humaines,
immiscetque preces ;	et mêle-à *ses paroles* des prières ;
mora haud fit ;	un retard n'a-pas-lieu ;
Tarcho jungit opes,	Tarchon joint *ses forces à celles d'Enée,*
feritque fœdus :	et frappe (conclut) une alliance :
tum gens Lydia	alors la nation Lydienne
libera fatis	libre des destins
conscendit classem	monte sur la flotte
commissa duci externo	se confiant à un chef étranger
jussis divum.	d'après les ordres des dieux.
Puppis Æneia	La poupe (le vaisseau) d'-Enée
tenet prima,	tient le premier *rang,*
subjuncta rostro	attachée (ornée) à *son* éperon
leones Phrygios ;	de lions Phrygiens ;
Ida imminet super,	l'Ida est-suspendu au-dessus,
gratissima	très-agréable
Teucris profugis.	aux Troyens exilés.
Hic sedet magnus Æneas,	Là est-assis le grand Enée,
volutatque secum	et il roule avec-lui (médite sur)
eventus varios belli ;	les événements divers de la guerre ;
Pallasque	et Pallas
affixus lateri sinistro	attaché (se tenant) à *son* côté gauche
quærit jam sidera,	s'informe déjà (tantôt) des astres,
iter	route (qui indiquent le chemin)
noctis opacæ,	de (pendant) la nuit obscure,
jam	déjà (tantôt)
quæ passus	*des malheurs* que *le héros* a éprouvés
terraque marique.	et sur terre et sur mer.
Pandite nunc Helicona,	Ouvrez maintenant l'Hélicon,
deæ,	déesses (Muses),
moveteque cantus ;	et commencez *vos* chants ;
quæ manus interea	*dites* quelle troupe pendant-ce-temps
ab oris Tuscis	*venant* des bords Toscans
comitetur Ænean,	accompagne Enée,
armetque rates,	et arme des vaisseaux,
vehaturque pelago.	et est portée sur la mer.
Massicus princeps	Massicus le premier
secat æquora	fend les plaines *liquides*
tigri	avec un tigre (un vaisseau décoré d'un
ærata ;	fait-d'airain ; [tigre)
sub quo	*Massicus* sous lequel *est rangée*

Sub quo mille manus juvenum, qui mœnia Clusi¹,
Quique urbem liquere Cosas : quis tela, sagittæ,
Corytique leves humeris, et letifer arcus.
Una torvus Abas : huic totum insignibus armis   170
Agmen, et aurato fulgebat Apolline puppis :
Sexcentos illi dederat Populonia mater
Expertos belli juvenes ; ast Ilva² trecentos
Insula, inexhaustis chalybum generosa metallis.
Tertius, ille hominum divumque interpres Asylas,   175
Cui pecudum fibræ, cœli cui sidera parent,
Et linguæ volucrum, et præsagi fulminis ignes,
Mille rapit densos acie atque horrentibus hastis.
Hos parere jubent Alpheæ ab origine Pisæ,
Urbs Etrusca solo. Sequitur pulcherrimus Astur,   180
Astur equo fidens, et versicoloribus armis.
Tercentum adjiciunt, mens omnibus una sequendi,
Qui Cærete domo, qui sunt Minionis in arvis,
Et Pyrgi veteres, intempestæque Graviscæ⁵.

rain ; il a sous lui mille jeunes guerriers sortis des murs de Clusium
et de la cité de Cosa. Des dards, des flèches, de légers carquois,
l'arc homicide chargent leurs épaules. Sur la même ligne s'avance
le farouche Abas ; sa troupe est couverte d'armes étincelantes, et
sur sa poupe rayonne un Apollon d'or. Populonie, sa patrie, lui a
fourni six cents jeunes soldats déjà éprouvés par la guerre, et l'île
d'Ilva trois cents autres, Ilva, sol fécond et inépuisable en mé-
taux. Le troisième est Asylas, interprète des hommes et des dieux,
pour qui n'ont de secrets ni les entrailles des victimes, ni les astres
du ciel, ni le chant des oiseaux, ni les feux prophétiques de la
foudre. Il entraîne avec lui mille soldats, épais bataillon que hérisse une forêt de lances. Ils sont envoyés sous ses ordres par Pise,
cité étrusque par le sol, mais fille de l'Alphée par son origine. Il
est suivi du bel Astur, Astur, fier d'un coursier superbe et de
son armure aux diverses couleurs. Trois cents guerriers, qu'une
même ardeur entraîne sur ses pas, ont quitté pour lui les remparts
de Céré, l'antique cité des Pyrgiens, les champs que baigne le
Minio et l'insalubre Gravisque.

manus mille juvenum,	une troupe de mille jeunes-guerriers,
qui liquere	qui ont abandonné
mœnia Clusi,	les remparts de Clusium,
quique urbem Cosas :	et qui *ont abandonné* la ville *de* Cosa :
quis tela, sagittæ,	auxquels *sont* des traits, des flèches,
corytique leves humeris,	et des carquois légers sur *leurs* épaules,
et arcus letifer.	et un arc qui-porte (lance)-la-mort.
Una torvus Abas :	Ensemble (avec lui) *est* le farouche Abas :
huic totum agmen	à lui toute la troupe *qu'il commande*
fulgebat armis insignibus,	brillait d'armes remarquables,
et puppis Apolline aurato :	et *sa* poupe d'un Apollon fait-d'or :
Populonia mater	Populonie *sa* mère (sa patrie)
dederat illi	avait donné à lui
sexcentos juvenes	six-cents jeunes-gens
expertos belli ;	expérimentés de (dans) la guerre ;
ast insula Ilva,	mais (de plus) l'île *d'*Elbe,
generosa	féconde
metallis inexhaustis	par les métaux non-épuisés (inépuisables)
Chalybum,	des Chalybes,
trecentos.	*lui en avait donné* trois-cents.
Tertius,	Le troisième,
Asylas ille interpres	Asylas ce *grand* interprète
hominum divumque,	des hommes et des dieux,
cui fibræ pecudum,	à qui les fibres des bêtes (des victimes),
cui sidera cœli,	à qui les constellations du ciel,
et linguæ volucrum,	et les langues (le langage) des oiseaux,
et ignes fulminis	et les feux de la foudre
præsagi	qui-donne-des-présages
parent,	obéissent,
rapit mille	entraîne mille *guerriers*
densos acie	serrés par *leur* rang-de-bataille
atque hastis horrentibus.	et par *leurs* piques qui se dressent.
Pisæ, Alpheæ ab origine,	Pise, Alphéenne par l'origine,
urbs Etrusca solo,	ville d'-Étrurie par le sol,
jubent hos parere.	ordonne eux obéir *à Asylas*.
Pulcherrimus Astur	Le très-bel Astur
sequitur,	suit (vient ensuite),
Astur fidens equo,	Astur confiant en *son* cheval,
et armis versicoloribus.	et en *ses* armes de-diverses-couleurs.
Qui sunt Cærete domo,	Ceux qui sont de Céré *comme* demeure,
qui in arvis	ceux qui *habitent* dans les campagnes
Minionis,	du Minio,
et veteres Pyrgi,	et la vieille Pyrges,
intempestæque Graviscæ,	et la malsaine Gravisque,
adjiciunt tercentum,	*s'ajoutent* à *lui au nombre de* trois-cents,
mens sequendi	la résolution de *le* suivre
una omnibus.	*est* unanime à (chez) tous.

Non ego te, Ligurum ductor fortissime bello,   185
Transierim, Cinyra; et paucis comitate Cupavo,
Cujus olorinæ surgunt de vertice pennæ ,
Crimen amor vestrum formæque insigne paternæ.
Namque ferunt luctu Cycnum, Phaetontis amati,
Populeas inter frondes umbramque sororum   190
Dum canit et mœstum musa solatur amorem,
Canentem molli pluma duxisse senectam,
Linquentem terras, et sidera voce sequentem.
Filius, æquales comitatus classe catervas,
Ingentem remis Centaurum promovet : ille   195
Instat aquæ, saxumque undis immane minatur
Arduus, et longa sulcat maria alta carina.

    Ille etiam patriis agmen ciet Ocnus ¹ ab' oris,
Fatidicæ Mantus et Tusci filius amnis,
Qui muros, matrisque dedit tibi, Mantua, nomen :   200
Mantua dives avis, sed non genus omnibus unum :
Gens illi triplex, populi sub gente quaterni ;

Je ne t'oublierai pas, ô Cinyre, le plus intrépide chef des Liguriens; ni toi et ta petite troupe, ô Cupavon ; ton casque s'ombrage de plumes de cygne, emblème et souvenir de la métamorphose de ton père, dont l'amour fit le crime. Car on raconte que Cycnus, désolé de la mort de Phaéton, le pleurait à l'ombre des peupliers, autrefois sœurs de son ami, et charmait par de doux accords son amour affligé. Il vieillit en chantant; on vit son corps blanchir sous un moelleux duvet, et, quittant la terre, il s'éleva mélodieux vers le ciel. Son fils, qu'accompagnent des guerriers de son âge, dirige, à force de rames, le vaste Centaure. Le monstre s'avance fièrement dressé sur les eaux, les menace, armé d'un énorme rocher, et de sa longue carène sillonne les mers profondes.

Ocnus amène aussi une troupe des contrées qui l'ont vu naître; Ocnus, fils de la prophétesse Manto et du fleuve d'Étrurie. C'est lui, ô Mantoue, qui te donna des remparts et le doux nom de sa mère. Riche en aïeux célèbres, mais de diverse origine, Mantoue commande à trois peuples divisés en quatre tribus; mais c'est le

Non ego transierim te, Cinyra,	Je ne passerai pas toi, Cinyra,
ductor Ligurum,	chef des Liguriens,
fortissime bello;	très-courageux à la guerre;
et Cupavo,	et *toi*, Cupavon,
comitate paucis,	accompagné de peu de *guerriers*,
de vertice cujus	*toi* de la tête (du casque) duquel
surgunt pennæ olorinæ,	s'élèvent des plumes de-cygne,
amor	l'amour
vestrum crimen,	est votre crime,
insigneque	et la parure
formæ paternæ.	*tirée* de la forme de-*votre*-père.
Namque ferunt Cycnum	Car on rapporte Cycnus
luctu Phaetontis amati,	dans le deuil de Phaéton aimé *de lui*,
dum canit	tandis qu'il chante
inter frondes populeas	entre (sous) le feuillage des-peupliers
umbramque sororum	et l'ombre de *ses* sœurs
et solatur musa	et *qu'il* console par la muse
amorem mœstum,	*son* amour affligé,
duxisse molli pluma	avoir revêtu d'un doux plumage
senectam canentem,	*sa* vieillesse blanchissante,
linquentem terras,	quittant la terre,
et sequentem sidera voce.	et suivant (s'élevant vers) le avec une voix (en chantant)
Filius, comitatus classe	*Son* fils, accompagnant sur la tte
catervas	des cohortes *de jeunes ge*
æquales,	du-même-âge *que lui*,
promovet remis	fait-avancer avec les r
ingentem Centaurum :	l'immense Centaure :
ille	celui-ci (le Centaur ... isseau)
instat aquæ,	se dresse sur l'e ,
arduusque minatur undis	et élevé il men
immane saxum,	d'un énorme r
et sulcat maria alta	et sillonne les pr
longa carina.	de *sa* longue car
Ille Ocnus etiam	Ce (le grand) O ussi
ciet agmen	amène e troupe
ab oris patriis,	des bords de-*sa*-patrie,
filius fatidicæ Mantus	*Ocnus* fils de la prophétesse Manto
et amnis Tusci,	et du fleuve Toscan,
qui dedit tibi, Mantua,	qui donna à toi, Mantoue,
muros, nomenque matris:	des murs, et le nom de *sa* mère:
Mantua dives avis,	Mantoue riche en aïeux,
sed genus unum	mais une race unique
non omnibus :	n'*est* pas à tous :
gens triplex illi,	une nation triple *est* à elle,
quaterni populi sub gente;	quatre peuples sous *chaque* nation;

Ipsa caput populis : Tusco de sanguine vires.
Hinc quoque quingentos in se Mezentius armat,
Quos patre Benaco, velatus arundine glauca,   205
Mincius infesta ducebat in æquora pinu '.
It gravis Aulestes, centenaque arbore fluctum
Verberat assurgens : spumant vada marmore verso.
Hunc vehit immanis Triton, et cærula concha
Exterrens freta : cui laterum tenus hispida nanti   210
Frons hominem præfert, in pristin desinit alvus ;
Spumea semifero sub pectore murmurat unda.
Tot lecti proceres ter denis navibus ibant
Subsidio Trojæ, et campos salis ære secabant.

  Jamque dies cœlo concesserat, almaque curru   215
Noctivago Phœbe medium pulsabat Olympum :
Æneas, neque enim membris dat cura quietem,
Ipse sedens clavumque regit velisque ministrat.
Atque illi, medio in spatio, chorus ecce suarum

sang toscan qui fait sa force. De là sont partis cinq cents guerriers, armés contre Mézence. Couronné de roseaux, le Mincio, fils de Bénacus, ornait leur poupe menaçante et semblait les guider sur les flots. Enfin s'avance Auleste; ses matelots battent les ondes de leurs cent rames, et la mer soulevée se couvre d'écume. Il monte l'immense Triton, dont la conque épouvante les plaines azurées. De la tête jusqu'aux flancs, c'est la figure velue d'un homme qui nage; le reste de son corps se termine en baleine, et sous sa poitrine sauvage le flot écumant murmure. Tous ces guerriers d'élite volaient au secours de Troie sur leurs trente vaisseaux, et de leurs proues d'airain fendaient les campagnes liquides.

  Déjà le jour avait abandonné les cieux, et la blanche Phébé, portée sur son char nocturne, atteignait dans l'Olympe la moitié de son tour. Énée, à qui les soucis ne permettent pas le repos, assis à la poupe de son navire, dirige lui-même le gouvernail et manœuvre les voiles. Voilà qu'au milieu de sa course apparaît tout

ipsa caput	elle-même *est pour* tête (capitale)
populis :	aux peuples :
vires de sanguine Tusco.	*ses* forces *sont tirées* du sang Toscan.
Hinc quoque Mezentius	De là aussi Mézence
armat in se quingentos,	arme contre lui cinq-cents *guerriers*,
quos Mincius	que le Mincio
Benaco patre,	*sortant* du Bénacus *son* père,
velatus arundine glauca,	voilé d'un roseau glauque,
ducebat in æquora	conduisait vers les plaines *liquides*
pinu infesta.	sur un pin (vaisseau) ennemi.
Aulestes it	Auleste va (s'avance)
gravis,	lourd *par la masse de son vaisseau*,
assurgensque	et s'élevant
verberat fluctum	frappe les flots
arbore centena :	d'un arbre (de rames) au-nombre-de-cent:
vada spumant	les bas-fonds écument
marmore verso.	la surface-plate étant retournée (soule-
Triton immanis,	Un Triton énorme, [vée).
et exterrens concha	et qui épouvante de *sa* conque
freta cærula,	les détroits azurés,
vehit hunc :	porte celui-ci :
cui nanti	auquel *Triton* nageant
frons hispida	le front hérissé
præfert hominem	porte-en-avant un homme
tenus laterum,	jusqu'aux flancs,
alvus desinit in pristin ;	le ventre finit en baleine ;
unda spumea murmurat	l'onde écumante murmure
sub pectore semifero.	sous la poitrine du-demi-monstre.
Tot proceres lecti	Autant de grands choisis (d'élite)
ibant	allaient (s'avançaient)
ter denis navibus	sur trois-fois dix vaisseaux
subsidio Trojæ,	au secours à (de) Troie,
et secabant ære	et fendaient avec l'airain
campos salis.	les plaines de l'eau-salée.
Jamque dies	Et déjà le jour
concesserat cœlo,	s'était retiré du ciel,
almaque Phœbe	et la bienfaisante Phébé
curru noctivago	sur *son* char qui-erre-la-nuit
pulsabat	frappait (atteignait)
medium Olympum :	le milieu de l'Olympe :
Æneas, neque enim cura	Énée, et en effet le souci
dat quietem	ne donne (permet) pas de repos
membris,	à *ses* membres,
sedens ipse	y étant assis lui-même
regitque clavum	et dirige le gouvernail
ministratque velis.	et fait-le-service des voiles.
Atque ecce in medio spatio	Et voilà qu'au milieu de l'espace

Occurrit comitum ; nymphæ, quas alma Cybebe   220
Numen habere maris, nymphasque e navibus esse
Jusserat, innabant pariter, fluctusque secabant,
Quot prius æratæ steterant ad littora proræ.
Agnoscunt longe regem, lustrantque choreis ;
Quarum, quæ fandi doctissima, Cymodocea,   225
Pone sequens, dextra puppim tenet, ipsaque dorso
Eminet, ac læva tacitis subremigat undis.
Tum sic ignarum alloquitur : « Vigilasne, deum gens,
Ænea? Vigila ¹, et velis immitte rudentes.
Nos sumus Idææ sacro de vertice pinus,   230
Nunc pelagi nymphæ, classis tua; perfidus ut nos
Præcipites ferro Rutulus flammaque premebat,
Rupimus invitæ tua vincula, teque per æquor
Quærimus. Hanc Genitrix faciem miserata refecit,
Et dedit esse deas, ævumque agitare sub undis.   235
At puer Ascanius muro fossisque tenetur,

à coup devant lui le chœur de ses compagnes de l'Ida, ces nymphes
nouvelles, jadis navires et transformées à la voix de Cybèle en
divinités des mers. Elles nageaient de front et sillonnaient le sein
des eaux, égales en nombre aux proues d'airain qui naguère bor-
daient les rives du fleuve. De loin elles reconnaissent leur roi et
forment un cercle autour de lui. La plus éloquente d'entre elles,
Cymodocée, se portant auprès du vaisseau, s'attache de sa main
droite à la poupe même, de l'autre bat comme avec la rame les
ondes silencieuses, et levant au-dessus des flots ses blanches épaules, elle instruit le héros de ce qu'il ignore. « Veilles-tu, fils des
dieux, Énée? lui dit-elle. Veille et déploie tes cordages et tes
voiles. Nous sommes ces pins sacrés du mont Ida, jadis ta flotte,
aujourd'hui nymphes des mers. Le perfide Rutule, le fer et la
flamme à la main, se précipitait pour nous anéantir : nous avons à
regret rompu les liens du rivage, et maintenant nous te cherchions
sur les mers. La mère des dieux nous prenant en pitié a changé
notre première forme, elle nous a donné d'être déesses et de bercer
notre vie au sein des ondes. Cependant ton fils Ascagne est enfermé

chorus suarum comitum — le chœur (la troupe) de ses compagnes
occurrit illi ; — se présente à lui :
nymphæ, quas alma Cybebe — les nymphes, que la bienfaisante Cybèle
jusserat — avait ordonné
habere numen maris, — avoir le caractère-de-divinités de la mer,
esseque nymphas — et être des nymphes
e navibus, — de vaisseaux qu'elles étaient,
innabant — nageaient-sur les eaux
pariter, — pareillement (de front),
secabantque fluctus, — et fendaient les flots,
quot prius — en aussi grand nombre que précédemment
proræ æratæ — des proues garnies-d'airain
steterant ad littora. — s'étaient tenues le long du rivage.
Agnoscunt longe regem, — Elles reconnaissent de loin le roi,
lustrantque — et vont (nagent)-autour de lui
choreis ; — en chœurs (en troupes) ;
quarum, — desquelles,
quæ doctissima fandi, — celle qui était la plus habile à parler,
Cymodocea, — Cymodocée,
sequens pone, — suivant par derrière,
tenet puppim dextra, — tient la poupe de sa main droite,
ipsaque eminet dorso, — et elle-même s'élève (domine) de son dos,
ac læva — et de sa main gauche
subremigat undis tacitis. — rame-sous les ondes silencieuses.
Tum alloquitur sic — Alors elle parle ainsi
ignarum : — à Énée ignorant qui elle est :
« Vigilasne, gens deum, — « Veilles-tu, race (fils) des dieux,
Ænea ? — Enée ?
Vigila, — Veille,
et immitte rudentes velis. — et lâche les cordages aux voiles.
Nos sumus pinus Idææ — Nous sommes les pins de-l'Ida
de vertice sacro, — tirés du sommet sacré de ce mont,
nunc nymphæ pelagi, — maintenant nymphes de la mer,
tua classis : — ta flotte :
ut perfidus Rutulus — comme le perfide Rutule
premebat ferro flammaque — pressait avec le fer et avec la flamme
nos præcipites, — nous fuyant-précipitamment,
invitæ — malgré-nous
rupimus tua vincula, — nous avons rompu tes liens,
quærimusque te — et nous cherchons toi
per æquor. — à travers la plaine liquide.
Genitrix miserata — La mère des dieux ayant eu-pitié de nous
refecit hanc faciem, — nous a donné-en-échange cette forme,
et dedit esse deas, — et nous a donné d'être déesses,
agitareque ævum — et de passer notre vie
sub undis. — sous les ondes.
At puer Ascanius — Mais le jeune Ascagne

Tela inter media, atque horrentes Marte Latinos.
Jam loca jussa tenent forti permixtus Etrusco
Arcas eques : medias illis opponere turmas,
Ne castris jungant, certa est sententia Turno.   240
Surge, age, et Aurora socios veniente vocari
Primus in arma jube, et clypeum cape quem dedit ipse
Invictum Ignipotens, atque oras ambiit auro.
Crastina lux, mea si non irrita dicta putaris,
Ingentes Rutulæ spectabit cædis acervos. »   245
    Dixerat ; et dextra discedens impulit altam,
Haud ignara modi, puppim : fugit illa per undas,
Ocior et jaculo et ventos æquante sagitta ;
Inde aliæ celerant cursus. Stupet inscius ipse
Tros Anchisiades ; animos tamen omine tollit.   250
Tum breviter, supera adspectans convexa, precatur :
« Alma parens, Idæa, deum, cui Dindyma cordi ¹ ,

dans les murs et les fossés du camp, environné des traits ennemis,
et pressé par les Latins, qui de tous côtés présentent la mort. Les ca-
valiers d'Arcadie, mêlés aux belliqueux Étrusques, occupent déjà
les postes que tu leur as assignés ; mais Turnus a résolu de leur
opposer ses escadrons pour les empêcher de se joindre à ton camp.
Hâte-toi donc, et dès le retour de l'Aurore met le premier tes soldats sous les armes ; saisis ce bouclier, impénétrable égide que t'a
donnée le dieu du feu lui-même et qu'il a entourée d'un cercle d'or.
Demain, si tu ne crois pas ces paroles vaines, le jour verra dans les
champs du carnage de vastes monceaux de Rutules égorgés. »
    Elle dit ; et d'une main savante en cet art elle pousse en s'éloi-
gnant la haute poupe d'Énée : le navire fuit sur les ondes, plus rapide
que le dard ou la flèche rivale des vents ; les autres nefs suivent
en hâtant leur course. Le fils d'Anchise, qui ne sait d'où vient ce
prodige, est frappé d'étonnement ; cependant il accepte un présage
qui relève son courage, et, levant ses yeux vers la voûte céleste, il
adresse à Cybèle cette courte prière : « Auguste mère, reine de
l'Ida, qui chérissez Dindyme et les villes couronnées de tours ; qui

tenetur muro fossisque,	est retenu dans le mur et les fossés
inter media tela,	au milieu des traits,
atque Latinos	et des Latins
horrentes Marte.	hérissés de Mars (d'armes).
Jam eques Arcas	Déjà le cavalier Arcadien
permixtus forti Etrusco	mêlé au courageux Étrusque
tenent loca	occupent les lieux
jussa :	ordonnés (qu'on leur a dit d'occuper) :
sententia est certa Turno,	la résolution est assurée à Turnus,
opponere illis turmas	d'opposer à eux ses escadrons
medias,	au-milieu (sur la route),
ne jungant	pour qu'ils ne fassent-pas-jonction
castris.	avec le camp.
Surge, age,	Lève-toi, va,
et Aurora veniente	et l'Aurore venant (à son lever)
primus jube socios	le premier ordonne tes compagnons
vocari in arma,	être appelés aux armes,
et cape clypeum	et prends le bouclier
quem Ignipotens ipse	que le dieu maître-du-feu lui-même
dedit invictum,	t'a donné comme invincible,
atque ambiit oras auro.	et dont il a ceint les bords avec de l'or.
Lux crastina,	Le jour de-demain,
si non putaris	si tu n'as pas cru
mea dicta irrita,	mes paroles vaines,
spectabit ingentes acervos	verra d'immenses monceaux
cædis Rutulæ. »	de massacre (de cadavres) des-Rutules. »
Dixerat ;	Elle avait dit ;
et discedens	et en s'éloignant
impulit dextra	elle poussa de sa main droite
altam puppim,	la haute poupe,
haud ignara	non ignorante
modi :	de la manière dont il fallait le faire :
illa fugit per undas,	elle (la poupe) fuit à travers les ondes,
ocior et jaculo	plus rapide et que le trait
et sagitta æquante ventos ;	et que la flèche qui égale les vents ;
inde aliæ celerant cursus.	puis les autres hâtent leur course.
Tros Anchisiades ipse	Le Troyen fils-d'Anchise lui-même
stupet	est-frappé-d'étonnement
inscius ;	ignorant les événements annoncés ;
tollit tamen animos	il relève cependant ses esprits (reprend
omine.	par ce présage. [courage)
Tum, adspectans	Alors, regardant
convexa supera,	les voûtes d'en-haut (du ciel),
precatur breviter :	il prie en-peu-de-mots :
« Alma parens deum,	« Bienfaisante mère des dieux,
Idæa,	déesse de-l'Ida,
cui Dindyma cordi,	à qui Dindyme est à cœur (est chère),

Turrigeræque urbes, bijugique ad frena leones,
Tu mihi nunc pugnæ princeps, tu rite propinques
Augurium, Phrygibusque adsis pede, diva, secundo. »   255
Tantum effatus; et interea revoluta ruebat
Matura jam luce dies, noctemque fugarat.
Principio sociis edicit, signa sequantur,
Atque animos aptent armis, pugnæque parent se.

Jamque in conspectu Teucros habet et sua castra,   260
Stans celsa in puppi : clypeum tum deinde sinistra
Extulit ardentem. Clamorem ad sidera tollunt
Dardanidæ e muris; spes addita suscitat iras.
Tela manu jaciunt : quales sub nubibus atris
Strymoniæ dant signa grues, atque æthera tranant   265
Cum sonitu, fugiuntque Notos clamore secundo.
At Rutulo regi ducibusque ea mira videri
Ausoniis; donec versas ad littora puppes
Respiciunt, totumque allabi classibus æquor.

soumettez au frein les lions attelés à votre char, c'est vous qui me
guidez aujourd'hui aux combats : hâtez-vous de réaliser cet heureux
augure, et d'un pied favorable, ô déesse, descendez au milieu des
Phrygiens. » Il ne dit que ces mots. Cependant le jour se précipitait, ramenant sa pleine lumière et mettant en fuite les ombres
de la nuit. D'abord Énée ordonne à ses compagnons de se ranger
sous leurs drapeaux, de s'armer de courage et de se préparer au
combat.

Debout sur le haut de sa poupe, il aperçoit déjà les Troyens et
son camp : alors de sa main gauche il élève son bouclier étincelant.
Les Troyens, de leurs remparts, poussent un cri vers les cieux.
L'espérance rappelée dans leur cœur ranime leur fureur, et leurs
mains font pleuvoir les traits. Telles, sous les sombres nuages, les
grues du Strymon donnent le signal du départ, traversent les airs à
grand bruit et fuient, en poussant des cris de joie, les régions du
Notus. Le roi des Rutules et les chefs ausoniens s'étonnent de cette
ardeur soudaine des Troyens, jusqu'à ce que, regardant en arrière,
ils aperçoivent les poupes tournées vers le rivage et voient toute une

urbesque turrigeræ ,	et (ainsi que) les villes qui-portent-des-
leonesque bijugi	et les lions accouplés-au-joug [tours,
ad frena,	pour le frein ,
tu mihi nunc	toi , *sois* pour moi maintenant
princeps pugnæ ,	conseillère (aide) du combat ,
tu propinques	toi approche (réalise)
augurium rite ,	*cet* augure heureusement ,
adsisque Phrygibus, diva,	et viens-auprès des Phrygiens, *ô* déesse,
pede secundo. »	d'un pied favorable. »
Effatus	Il dit
tantum ;	autant *de paroles* (seulement ces mots);
et interea dies revoluta	et cependant le jour ramené
ruebat	se précipitait (arrivait rapidement)
luce jam matura ,	la lumière *étant* déjà mûre (éclose),
fugaratque noctem.	et avait mis-en-fuite la nuit.
Principio edicit sociis ,	D'abord il annonce à *ses* compagnons,
sequantur signa ,	qu'ils suivent les signaux ,
atque aptent animos armis ,	et qu'ils disposent *leurs* cœurs aux armes ,
seque parent pugnæ.	et qu'ils se préparent au combat.
Jamque	Et déjà
habet in conspectu	il a en vue
Teucros et sua castra ,	les Troyens et son camp ,
stans in puppi celsa :	se tenant-debout sur la poupe élevée:
tum deinde extulit sinistra	puis ensuite il éleva de *sa main* gauche
clypeum ardentem.	*son* bouclier ardent.
Dardanidæ	Les descendants-de-Dardanus
tollunt clamorem ad sidera	élèvent (poussent) un cri vers les astres
e muris ;	depuis les murs ;
spes addita	l'espoir ajouté (conçu)
suscitat iras.	réveille *leurs* colères.
Jaciunt tela manu :	Ils jettent des traits de *leur* main :
quales grues Strymoniæ	*tels* que les grues du-Strymon
dant signa	donnent des signaux
sub nubibus atris ,	sous les nuées noires,
atque tranant æthera	et traversent l'éther
cum sonitu ,	avec bruit,
fugiuntque Notos	et fuient les Notus (l'hiver)
clamore secundo,	avec des cris joyeux.
At ea	Mais ces *manifestations*
videri mira	*commencent à* paraître étonnantes
regi Rutulo	au roi Rutule
ducibusque Ausoniis ;	et aux chefs Ausoniens ;
donec respiciunt	jusqu'à ce qu'ils voient-en-se-retournant
puppes versas ad littora ,	les poupes tournées vers le rivage ,
æqaorque totum	et la plaine *liquide* tout-entière
allabi	glisser-vers *la terre*
classibus.	avec la flotte *dont elle est couverte.*

2,

Ardet apex capiti, cristisque a vertice flamma   270
Funditur, et vastos umbo vomit aureus ignes :
Non secus ac liquida si quando nocte cometæ
Sanguinei lugubre rubent, aut Sirius ardor ;
Ille sitim morbosque ferens mortalibus ægris
Nascitur, et lævo contristat lumine cœlum.   275
    Haud tamen audaci Turno fiducia cessit
Littora præcipere, et venientes pellere terra.
Ultro animos tollit dictis, atque increpat ultro :
« Quod votis optastis, adest, perfringere dextra ;
In manibus Mars ipse, viri : nunc conjugis esto   280
Quisque suæ tectique memor ; nunc magna referto
Facta, patrum laudes ; ultro occurramus ad undam,
Dum trepidi, egressisque labant vestigia prima :
Audentes Fortuna juvat. »
Hæc ait ; et secum versat quos ducere contra,   285

flotte glisser sur les eaux. Le casque d'Énée étincelle sur sa tête ; de sa haute aigrette jaillissent des flammes ondoyantes, et son bouclier d'or vomit des torrents de feux. Telle parfois au sein d'une nuit calme et sereine rougit la sanglante et lugubre comète; ou tel, apportant aux mortels consternés la soif et les maladies, l'ardent Sirius apparaît et contriste les cieux de sa sinistre lumière.

Cependant la confiance n'abandonne point l'audacieux Turnus : il veut le premier s'emparer du rivage et repousser de la terre les assaillants. Lui-même il réveille l'ardeur des siens, il les enflamme par ces paroles : « Ce moment longtemps appelé par vos vœux, le voici, guerriers; votre bras peut d'un coup tout anéantir. Mars lui-même livre l'ennemi entre vos mains. Maintenant, que chacun de vous songe à son épouse, à ses foyers; maintenant rappelez-vous les hauts faits et la gloire de vos pères. Courons à leur rencontre vers la rive, tandis que, descendant de leurs vaisseaux, la troupe en désordre hésite en posant sur la terre ses pas mal affermis. La Fortune se plaît à seconder l'audace. » En disant ces mots, il délibère en lui-même sur le choix de ceux des siens qui doivent avec

Apex ardet	L'aigrette est-ardente
capiti,	à (sur) la tête *d'Enée*,
flammaque	et une flamme
funditur cristis	est versée (jetée) par *son* panache
a vertice,	du sommet *de son casque*,
et umbo aureus	et *son* bouclier d'-or
vomit vastos ignes :	vomit d'immenses feux :
non secus ac si quando	non autrement que si quelquefois (lorsque)
nocte liquida	dans une nuit claire
cometæ sanguinei	des comètes de-couleur-de-sang
rubent lugubre,	rougissent d'une-façon-lugubre,
aut ardor Sirius ;	ou bien l'éclat du-Sirius ;
ille nascitur	celui-ci naît (se montre)
ferens sitim morbosque	apportant la soif et les maladies
mortalibus ægris,	aux mortels souffrants,
et contristat cœlum	et attriste le ciel
lumine lævo.	de *sa* lumière sinistre.
Tamen fiducia	Cependant la confiance
præcipere littora,	de s'emparer-d'avance des rivages,
et pellere terra	et de repousser de la terre
venientes,	les *guerriers* arrivant,
haud cessit	ne se retira pas
audaci Turno.	à (de l'esprit de) l'audacieux Turnus.
Ultro tollit animos	Avec-empressement il relève les courages
dictis,	par *ses* paroles,
atque increpat ultro :	et *les* excite avec-empressement :
« Quod optastis	« Ce que vous avez souhaité
votis,	de *tous vos* vœux,
adest,	est-présent (s'offre à vous), [*main* droite ;
perfringere dextra;	de briser *les bataillons ennemis de votre*
Mars ipse	Mars lui-même (le moment du combat)
in manibus, viri :	*est* dans *vos* mains, guerriers :
nunc quisque	maintenant que chacun
esto memor	soit ayant-souvenance
suæ conjugis tectique ;	de son épouse et de *son* toit ;
nunc	maintenant que *chacun*
referto	rapporte (reproduise)
magna facta,	les grandes actions,
laudes patrum ;	les faits-glorieux de *ses* pères ;
occurramus ultro	allons-à-la-rencontre avec-empressement
ad undam,	du côté de l'onde (de la mer),
dum trepidi,	tandis qu'*ils sont* en-désordre,
primaque vestigia	et *que* les premiers pas
labant egressis :	chancellent à *eux* sortis (débarqués) :
Fortuna juvat audentes. »	la Fortune favorise *ceux* qui-osent. »
Ait hæc ;	Il dit *ces mots* ;
et versat secum	et retourne avec-soi (réfléchit)

Vel quibus obsessos possit concredere muros.

   Interea Æneas socios de puppibus altis
Pontibus exponit : multi servare recursus
Languentis pelagi, et brevibus se credere saltu ;
Per remos alii. Speculatus littora Tarcho,   290
Qua vada non spirant, nec fracta remurmurat unda,
Sed mare inoffensum crescenti allabitur æstu,
Advertit subito proras, sociosque precatur :
« Nunc, o lecta manus, validis incumbite remis ;
Tollite, ferte rates ; inimicam findite rostris   295
Hanc terram, sulcumque sibi premat ipsa carina.
Frangere nec tali puppim statione recuso,
Arrepta tellure semel. » Quæ talia postquam
Effatus Tarcho, socii consurgere tonsis,
Spumantesque rates arvis inferre Latinis,   300
Donec rostra tenent siccum, et sedere carinæ
Omnes innocuæ : sed non puppis tua, Tarcho !

lui marcher à l'ennemi, et de ceux qu'il doit laisser autour des murs assiégés.

   Cependant Énée fait abaisser les ponts du haut des poupes pour le débarquement de ses guerriers. Les uns observent le moment où le flot languissant se retire, et d'un saut s'élancent sur le sable ; d'autres glissent le long des rames. Tarchon cherche l'endroit du rivage où l'on ne voit point l'onde bouillonner, où elle ne vient point en murmurant, mais où la mer amène sans obstacle vers la terre son flot mollement gonflé. Aussitôt il y tourne sa proue en exhortant ainsi ses compagnons : « Maintenant, mes matelots d'élite, dit-il, courbez-vous sur vos fortes rames ; soulevez, lancez vos galères ; fendez de vos proues cette terre ennemie, et que la carène même y creuse un sillon. Je consens que la mienne se brise sur un tel bord, pourvu que je saisisse enfin cette terre. » A peine il a parlé, tous se dressent à l'envi sur leurs rames et poussent vers la plage latine leurs nefs écumantes : bientôt, leurs éperons pénétrant dans le sec, les carènes viennent s'y asseoir sans dommage, mais non pas la tienne, ô Tarchon, car, chassée sur un banc de sable et

quos possit	*quels sont ceux* qu'il peut
ducere contra ,	mener contre *l'ennemi,*
vel quibus concredere	ou (et) *ceux* auxquels *il peut* confier
muros obsessos.	les murs assiégés.
Interea Æneas	Cependant Énée
exponit pontibus	dépose (débarque) par des ponts *jetés*
socios	*ses* compagnons
de puppibus altis :	*descendant* des poupes élevées :
multi	beaucoup *d'entre eux*
servare recursus	*se mettent à* observer la retraite
pelagi languentis ,	de la mer (du flot) affaibli ,
et se credere saltu	et *à* se confier par un saut
brevibus;	aux bas-fonds;
alii per remos.	d'autres *descendent* au moyen des rames.
Tarcho speculatus littora ,	Tarchon ayant examiné le rivage,
qua vada	par où des écueils
non spirant ,	ne respirent (ne bouillonnent) pas,
nec unda remurmurat	et *où* l'onde ne rend-pas-de-murmure
fracta ,	brisée (en se brisant) *contre eux*,
sed mare inoffensum	mais *où* la mer non-heurtée (sans obstacle)
allabitur	glisse-vers *la terre*
æstu crescenti,	avec un flot *toujours* croissant,
advertit subito proras,	tourne soudain *sa* proue *de ce côté,*
precaturque socios :	et prie *ses* compagnons :
« Nunc, o manus lecta,	« Maintenant, ô troupe choisie,
incumbite remis	appuyez-sur les rames
validis ;	vigoureuses (avec vigueur);
tollite, ferte rates ;	élevez, emportez les vaisseaux;
findite rostris	entr'ouvrez de l'éperon
hanc terram inimicam,	cette terre ennemie,
carinaque ipsa	et que la carène elle-même
premat sibi sulcum.	presse (creuse) pour elle un sillon.
Nec recuso	Et je ne refuse pas
frangere puppim	de briser *ma* poupe
tali statione,	dans une telle rade,
tellure semel arrepta. »	la terre étant une-fois saisie (abordée). »
Postquam Tarcho	Après que Tarchon
effatus quæ talia,	a prononcé ces *paroles* telles,
socii	*ses* compagnons
consurgere tonsis ,	*commencent à* se lever sur les rames,
inferreque arvis Latinis	et *à* introduire dans les champs latins
rates spumantes,	les vaisseaux écumants,
donec rostra	jusqu'à ce que les éperons
tenent siccum,	tiennent (occupent) une *place* sèche,
et carinæ sedere	et *que* les carènes se sont reposées
omnes innocuæ :	toutes non-endommagées :
sed non tua puppis, Tarcho!	mais non pas ta poupe, Tarchon!

Namque, inflicta vadis, dorso dum pendet iniquo,
Anceps, sustentata diu, fluctusque fatigat,
Solvitur, atque viros mediis exponit in undis; 305
Fragmina remorum quos et fluitantia transtra
Impediunt, retrahitque pedem simul unda relabens.

    Nec Turnum segnis retinet mora : sed rapit acer
Totam aciem in Teucros, et contra in littore sistit.
Signa canunt : primus turmas invasit agrestes 310
Æneas, omen pugnæ, stravitque Latinos,
Occiso Therone, virum qui maximus ultro
Ænean petit : huic gladio perque ærea suta,
Per tunicam squalentem auro latus haurit apertum.
Inde Lichan ferit, exsectum jam matre peremta, 315
Et tibi, Phœbe, sacrum ; casus evadere ferri
Cui licuit parvo. Nec longe Cissea durum,
Immanemque Gyan, sternentes agmina clava,
Dejecit leto : nihil illos Herculis arma,
Nil validæ juvere manus, genitorque Melampus, 320

suspendue sur le dos inégal d'un écueil, longtemps elle s'y balance
indécise, fatigue en vain les flots de ses rames, s'entr'ouvre et livre
à l'abîme ses guerriers et ses matelots. Embarrassés par les débris
de rames et par les bancs qui surnagent, ils s'efforcent en vain de
gagner le bord : la vague en se retirant les arrache au rivage.
    Turnus ne connaît ni retard, ni obstacle : bouillant d'ardeur,
il entraîne sa troupe contre les Troyens, et il la range devant eux sur
la rive. La charge sonne, Énée le premier fond sur ces agrestes mi-
lices latines, et, présage heureux! il les renverse après avoir immolé
Théron ; fier de sa taille gigantesque, il avait osé se porter contre
Énée ; mais l'épée du héros, pénétrant à travers l'épais assemblage de
sa cuirasse d'airain et la tunique aux mailles d'or, s'abreuve dans
son flanc déchiré. Il frappe ensuite Lichas, retiré du sein de sa mère
expirée, et consacré à ton culte, ô Phébus, qui avais permis qu'il
échappât, enfant, à la cruelle atteinte du fer. Non loin de là, il
terrasse et le dur Cissée et l'énorme Gyas, qui abattaient sous les
coups de leurs massues des bataillons entiers. Rien ne peut les garan-
tir, ni la force de leurs bras, ni les armes d'Hercule, ni Mélampe,

ÉNÉIDE. LIVRE X.

8

namque, inflicta vadis,	car, jetée-contre les écueils,
dum pendet	tandis qu'elle est-suspendue
dorso iniquo,	sur le dos ennemi *d'une roche*,
anceps, sustentata diu,	balancée, soutenue longtemps,
fatigatque fluctus,	et qu'elle fatigue les flots *de ses rames*,
solvitur,	elle s'entr'ouvre,
atque exponit viros	et dépose les guerriers
in mediis undis;	au milieu des ondes;
quos impediunt	*les guerriers* qu'embarrassent
fragmina remorum,	les débris des rames,
et transtra fluitantia,	et les bancs flottants,
simulque unda relabens	et en même temps l'eau coulant-en-arrière
retrahit pedem.	retire *leur* pied (les emporte).
Nec mora segnis	Et un retard indolent
retinet Turnum :	ne retient pas Turnus :
sed acer	mais bouillant
rapit totam aciem	il entraîne toute l'armée
in Teucros,	contre les Troyens,
et sistit contra in littore.	et *la* place en face *d'eux* sur le rivage.
Canunt signa :	*Les trompettes* chantent (donnent) le signal:
Æneas primus	Enée le premier
invasit turmas agrestes,	a attaqué les escadrons des-campagnards,
omen pugnæ,	présage *heureux* du combat,
stravitque Latinos,	et a abattu les Latins,
Therone occiso,	Théron ayant été tué,
qui maximus virum	*Théron* qui le plus grand des guerriers
ultro petit Ænean :	de lui-même attaque Enée :
haurit huic latus apertum	il perce à celui-ci le flanc ouvert
gladio	avec *son* glaive
perque suta ærea,	et à travers les assemblages (la cuirasse)
per tunicam	*et* à travers la tunique [d'-airain,
squalentem auro.	brochée d'or.
Inde ferit Lichan,	Puis il frappe Lichas,
exsectum	retiré-par-incision
matre jam peremta,	de *sa* mère déjà morte,
et sacrum tibi, Phœbe ;	et consacré à toi, Phébus ;
cui licuit parvo	auquel il fut-permis *quand il était* petit
evadere casus ferri.	d'échapper aux hasards du fer.
Nec longe	Et non loin *de là*
dejecit leto	il fit-tomber par la mort (tua)
durum Cissea,	le dur Cissée,
immanemque Gyan,	et l'énorme Gyas,
sternentes agmina	qui abattaient les bataillons
clava :	avec la massue :
arma Herculis	les armes d'Hercule
juvere illos nihil,	ne furent-utiles à eux en rien, [rien,
manus validæ nil,	*leurs* mains vigoureuses *ne leur servirent* de

Alcidæ comes usque, graves quum terra labores
Præbuit. Ecce Pharo, voces dum jactat inertes,
Intorquens jaculum clamanti sistit in ore.
Tu quoque, flaventem prima lanugine malas
Dum sequeris Clytium infelix, nova gaudia, Cydon,   325
Dardania stratus dextra, securus amorum
Qui juvenum tibi semper erant, miserande, jaceres,
Ni fratrum stipata cohors foret obvia, Phorci
Progenies; septem numero, septenaque tela
Conjiciunt : partim galea clypeoque resultant   330
Irrita; deflexit partim stringentia corpus
Alma Venus. Fidum Æneas affatur Achaten :
« Suggere tela mihi, non ullum dextera frustra
Torserit in Rutulos, steterunt quæ in corpore Graium
Iliacis campis. » Tum magnam corripit hastam,   335
Et jacit : illa volans clypei transverberat æra
Mæonis, et thoraca simul cum pectore rumpit.

leur père, fidèle compagnon d'Alcide, tant que la terre fournit au
dieu de glorieux travaux. Tandis que Pharus exhale d'impuissantes
bravades, Énée, dardant un trait, le plonge dans sa bouche béante.
Et toi, qu'entraîne sur ses pas le jeune Clytius, à la joue couverte
d'un naissant et blond duvet, Clytius tes nouvelles délices, tu serais aussi tombé sous le bras du Troyen, infortuné Cydon, et, désormais affranchi des coupables feux qui toujours embrasaient ton cœur,
tu serais étendu dans la poussière, si la troupe réunie des frères enfants de Phorcus, ne se fût portée à sa rencontre. Ils sont sept et
lancent à la fois leurs sept flèches contre Énée. Les unes rebondissent
sans effet sur le casque et le bouclier; Vénus attentive détourne les
autres, qui ne font qu'effleurer son fils. Énée s'adresse alors au fidèle
Achate : « Donne-moi, lui dit-il, ces traits que je teignis du sang
des Grecs dans les champs d'Ilion : ma main n'en lancera aucun
en vain contre les Rutules. » Aussitôt il saisit une longue javeline,
et la jette : elle vole, frappe l'airain du bouclier de Méon, et perce à

genitorque Melampus,	et (ni) *leur* père Mélampe,
comes Alcidæ,	compagnon d'Alcide,
usque quum terra	tant que la terre
præbuit graves labores.	*lui* fournit de rudes travaux.
Ecce intorquens jaculum	Voilà que (puis) brandissant un javelot
sistit Pharo	il *le* plante à Pharus
in ore clamanti,	dans *sa* bouche criante,
dum jactat voces inertes.	tandis qu'il lance des paroles vaines.
Tu quoque, infelix Cydon,	Toi aussi, malheureux Cydon,
dum sequeris Clytium	tandis que tu suis Clytius
flaventem malas	se dorant quant à *ses* joues
prima lanugine,	du premier duvet,
nova gaudia,	*tes* nouvelles joies (ton nouvel amour),
stratus dextra Dardania,	abattu par la *main* droite Dardanienne,
miserande,	*ô guerrier* digne-de-compassion,
jaceres	tu serais-étendu
securus amorum	sans-souci des amours
qui erant semper tibi	qui étaient toujours à toi
juvenum,	des (pour les) jeunes-gens,
ni cohors stipata fratrum,	si une cohorte serrée de frères,
progenies Phorci,	la race (les enfants) de Phorcus,
foret obvia;	ne se fût trouvée à-la-rencontre;
septem numero,	*ils sont* sept par le nombre,
conjiciuntque	et ils lancent
septena tela :	sept traits :
partim resultant irrita	en partie *les traits* rebondissent sans-effet
galea clypeoque;	sur le casque et le bouclier *d'Enée;*
partim alma Venus	en partie la bienfaisante Vénus
deflexit	*les* détourna
stringentia corpus.	effleurant le corps.
Æneas affatur	Enée adresse-la-parole
fidum Achaten :	au fidèle Achate :
« Suggere mihi tela,	« Donne-moi les traits,
quæ steterunt	qui se sont arrêtés
in corpore Graium	dans le corps des Grecs
campis Iliacis,	dans les champs d'-Ilion,
dextera	*ma main* droite
non torserit ullum frustra	n'en brandira aucun en vain
in Rutulos. »	contre les Rutules. »
Tum corripit	Alors il saisit
magnam hastam,	une grande javeline,
et jacit :	et *la* lance :
illa volans	elle volant
transverberat æra	frappe-en-*les*-traversant les lames-d'airain
clypei Mæonis,	du bouclier de Méon,
et rumpit thoraca	et rompt (déchire) la cuirasse
simul cum pectore.	en même temps avec (que) la poitrine

Huic frater subit Alcanor, fratremque ruentem
Sustentat dextra : trajecto missa lacerto
Protinus hasta fugit, servatque cruenta tenorem ;   340
Dexteraque ex humero nervis moribunda pependit.
Tum Numitor, jaculo fratris de corpore rapto,
Ænean petiit : sed non et figere contra
Est licitum, magnique femur perstrinxit Achatæ.
Hic Curibus, fidens primævo corpore, Clausus   345
Advenit, et rigida Dryopen ferit eminus hasta,
Sub mentum graviter pressa, pariterque loquenti
Vocem animamque rapit, trajecto gutture ; at ille
Fronte ferit terram, et crassum vomit ore cruorem.
Tres quoque Threicios, Boreæ de gente suprema,   350
Et tres, quos Idas pater, et patria Ismara mittit,
Per varios sternit casus. Accurrit Halesus,
Auruncæque manus ; subit et Neptunia proles,
Insignis Messapus equis : expellere tendunt

la fois sa cuirasse et sa poitrine. Alcanor accourt, et veut de la main
soutenir son frère qui tombe : un second dard lancé suit la même route,
traverse le bras d'Alcanor et fuit tout sanglant dans les airs : le bras
du guerrier retombe languissamment pendant de son épaule et sus-
pendu par ses nerfs. Aussitôt Numitor, autre frère de Méon, retire
la javeline du corps de Méon et la lance contre Énée, mais il ne lui
est pas donné de l'atteindre : le coup égaré effleure la cuisse du grand
Achate. Cependant le chef des Sabins, Clausus, confiant dans sa
jeunesse, accourt, et d'un dard acéré frappe au loin Dryope : le
fer pénètre au-dessous du menton, traverse la gorge et ravit à la fois
au guerrier qui parle la parole et la vie. Dryope heurte du front la
terre, et sa bouche vomit un sang épais. Clausus abat aussi sous son
bras, et par des coups divers, trois jeunes Thraces, issus de l'antique race de Dorée, et trois autres guerriers, fils d'Idas, et qu'Ismare
leur patrie avait envoyés. Bientôt Halésus arrive avec la troupe des
Auronces et le fils de Neptune, Messape, à la tête de sa brillante ca-
valerie. Les deux partis s'attaquent tour à tour et luttent pour se

Alcanor frater	Alcanor *son* frère
subit huic,	vient-au-secours à (de) celui-ci,
sustentatque dextra	et soutient de *sa main* droite
fratrem ruentem :	*son* frère tombant :
hasta missa	la javeline lancée
fugit protinus	fuit en-continuant
lacerto trajecto,	le bras *d'Alcanor* ayant été traversé,
cruentaque servat tenorem;	et ensanglantée garde *sa* direction ;
dexteraque moribunda	et la *main* droite mourante *d'Alcanor*
pependit ex humero nervis.	pendit de *son* épaule par les nerfs.
Tum Numitor,	Alors Numitor,
jaculo rapto	le trait étant arraché
de corpore fratris,	du corps de *son* frère,
petiit Ænean :	se-dirigea-vers Énée :
sed non est licitum	mais il ne *lui* fut-pas-permis
figere et contra,	de *l'*enfoncer aussi à son tour *dans Enée,*
perstrinxitque femur	et il effleura la cuisse
magni Achatæ.	du grand Achate.
Hic Clausus	Alors Clausus
advenit Curibus,	arrive de Cures (du pays Sabin),
fidens corpore	confiant en *son* corps
primævo,	dans-la-fleur-du-premier-âge,
et ferit eminus Dryopen	et frappe de loin Dryope
hasta rigida,	d'une javeline roide,
pressa graviter	enfoncée violemment
sub mentum,	sous le menton,
rapitque pariter	et il enlève pareillement (à la fois)
vocem animamque	la voix et le souffle
loquentis,	de (à) *lui* parlant,
gutture trajecto;	le gosier ayant été traversé;
at ille ferit terram fronte,	mais celui-ci frappe la terre du front,
et vomit ore	et vomit de *sa* bouche
cruorem crassum.	un sang épais.
Sternit quoque	Il abat aussi
per casus varios	par des accidents divers
tres Threicios,	trois *guerriers* de-Thrace,
de gente suprema Boreæ,	de la race suprême (antique) de Borée,
et tres,	et trois,
quos mittit Idas pater,	qu'envoie Idas *leur* père,
et Ismara patria.	et Ismare *leur* patrie.
Halesus accurrit,	Halésus accourt,
manusque Auruncæ;	et *aussi* les troupes Auronces;
proles Neptunia,	la race (le fils) de-Neptune,
Messapus insignis equis,	Messape remarquable par *ses* chevaux,
subit et :	vient-au-secours aussi :
nunc hi, nunc illi	tantôt ceux-ci, tantôt ceux-là
tendunt expellere;	font-effort-pour chasser *les Troyens ;*

Nunc hi, nunc illi; certatur limine in ipso   355
Ausoniæ. Magno discordes æthere venti
Prælia ceu tollunt, animis et viribus æquis :
Non ipsi inter se, non nubila, non mare cedunt,
Anceps pugna diu ; stant obnixa omnia contra.
Haud aliter Trojanæ acies aciesque Latinæ   360
Concurrunt ; hæret pede pes, densusque viro vir.

    At parte ex alia, qua saxa rotantia late
Impulerat torrens arbustaque diruta ripis,
Arcadas, insuetos acies inferre pedestres,
Ut vidit Pallas Latio dare terga sequaci,   365
Aspera quis natura loci dimittere quando
Suasit equos, unum quod rebus restat egenis,
Nunc prece, nunc dictis virtutem accendit amaris :
« Quo fugitis, socii? Per vos et fortia facta,
Per ducis Evandri nomen, devictaque bella,   370
Spemque meam, patriæ quæ nunc subit æmula laudi,

chasser l'un l'autre : ils combattent sur le seuil même de l'Ausonie.
Tels, dans le vaste champ des airs, les vents opposés se livrent
d'affreux combats, avec des forces égales et une égale fureur. Ni les
nuages, ni la mer, ni les vents ne cèdent l'un à l'autre : longtemps
la victoire est douteuse et des deux côtés la lutte opiniâtre. Tels les
Troyens et les Latins s'entre-heurtent et résistent, pied contre pied,
poitrine contre poitrine.

    Ailleurs, là où les torrents avaient roulé des rochers et des arbres
arrachés à la rive, les Arcadiens, forcés, par l'âpre nature du terrain,
de quitter leurs chevaux pour soutenir à pied un combat nouveau
pour eux, commençaient à fuir devant les Latins, ardents à les poursuivre. Pallas les voit ; et, seule ressource qui lui reste en cette extrémité, tour à tour il emploie, pour rallumer leur courage, et la
prière et les reproches amers : « Où fuyez-vous, compagnons ? Je
vous en conjure par vous, par vos nobles exploits, par le nom
d'Évandre, votre roi, par tant de guerres dont il sortit vainqueur,
par mon espérance d'offrir à la patrie son émule de gloire, ne

certatur in limine ipso	on combat sur le seuil même
Ausoniæ.	de l'Ausonie.
Ceu venti discordes	Comme les vents en-discorde
tollunt prælia	élèvent des combats
magno æthere,	dans le grand éther,
animis et viribus æquis :	avec des ardeurs et des forces égales :
non cedunt ipsi inter se,	ils ne cèdent pas eux-mêmes entre eux,
non nubila,	ni (non plus que) les nuages,
non mare ;	ni la mer ;
pugna diu anceps ;	le combat *est* longtemps douteux ;
omnia	tous *les éléments*
stant	se tiennent (tiennent bon)
obnixa	faisant-effort
contra.	en-sens-contraire.
Haud aliter	Non autrement (ainsi)
acies Trojanæ	les bataillons Troyens
aciesque Latinæ	et les bataillons Latins
concurrunt ;	se heurtent ;
pes hæret pede,	le pied s'attache au pied,
virque densus viro.	et le guerrier serré au guerrier.
At ex alia parte,	Mais d'un autre côté,
qua torrens impulerat late	où le torrent avait poussé au loin
saxa rotantia	des rochers roulants
arbustaque diruta ripis,	et des arbustes arrachés des rives,
ut Pallas vidit Arcadas,	dès que Pallas vit les Arcadiens,
insuetos	inaccoutumés
inferre	à introduire (présenter)
acies pedestres,	des bataillons à-pied,
dare terga	offrir le dos
Latio sequaci,	au Latium qui-*les*-poursuivait,
quis natura aspera loci	*eux* à qui la nature inégale du lieu
suasit quando	avait persuadé une fois
dimittere equos,	de congédier *leurs* chevaux,
unum quod restat	seule *ressource* qui reste
rebus egenis,	dans une situation de-détresse,
accendit virtutem	il enflamme *leur* courage
nunc prece,	tantôt par la prière,
nunc dictis amaris :	tantôt par des paroles amères :
« Quo fugitis, socii ?	« Où fuyez-vous, compagnons ?
Per vos et fortia facta,	Par vous et *vos* courageuses actions,
per nomen ducis Evandri,	par le nom de *votre* chef Evandre,
bellaque	et les guerres
devicta,	vaincues (où vous fûtes vainqueurs),
meamque spem,	et par mon espérance,
quæ nunc subit æmula	qui maintenant succède *comme* émule
laudi patriæ,	à la gloire de-*mon*-père,
ne fidite pedibus :	ne vous fiez pas à *vos* pieds :

Fidite ne pedibus : ferro rumpenda per hostes
Est via, qua globus ille virum densissimus urget :
Hac vos et Pallanta ducem patria alta reposcit.
Numina nulla premunt; mortali urgemur ab hoste   375
Mortales; totidem nobis animæque manusque.
Ecce maris magno claudit nos objice pontus ;
Deest jam terra fugæ : pelagus Trojamne petemus ? »
Hæc ait, et medius densos prorumpit in hostes.

Obvius huic primum, fatis adductus iniquis,   380
Fit Lagus : hunc, magno vellit dum pondere saxum,
Intorto figit telo, discrimina costis
Per medium qua spina dedit, hastamque receptat
Ossibus hærentem. Quem non super occupat Hisbon,
Ille quidem hoc sperans : nam Pallas ante ruentem ,   385
Dum furit, incautum, crudeli morte sodalis,
Excipit, atque ensem tumido in pulmone recondit.
Hinc Sthenelum petit, et Rhœti de gente vetusta
Anchemolum, thalamos ausum incestare novercæ.

vous confiez point à l'agilité de vos pieds. C'est avec le fer qu'il
faut vous ouvrir un passage à travers l'ennemi, là, au plus épais
de ce bataillon qui nous presse ; c'est là que la grande patrie vous
appelle, vous et Pallas votre chef. Aucun dieu ne nous poursuit :
mortels, nous n'avons pour ennemis que des mortels, et nous
avons autant d'âme, autant de bras qu'eux. Voilà que d'un côté
la mer nous enferme dans sa vaste barrière, déjà la terre manque
à notre fuite : est-ce dans la mer ou dans la nouvelle Troie que nous
irons nous jeter ? » Il dit, et s'élance au milieu des épais bataillons
des Latins.

Le premier qui s'offre à ses coups, poussé par son mauvais destin, c'est Lagus. Tandis qu'il s'efforce de soulever un roc d'un poids
énorme, Pallas le perce d'un dard à l'endroit où, partageant le dos,
l'épine sépare les deux flancs, et il en retire le fer engagé dans les
os. Hisbon vient sur lui et se flatte de le surprendre sans défense,
mais au moment où il se précipite furieux et égaré par le cruel trépas
de Lagus, Pallas le prévient lui-même et plonge son épée dans ses
poumons gonflés de colère. Ensuite il attaque Sthénélus et Anchémolus, de l'antique race de Rhétus, qui avait osé souiller d'un inceste

via est rumpenda ferro — une route est à-ouvrir par le fer
per hostes, — à travers les ennemis,
qua ille globus densissimus — par où cette troupe très-serrée
virum — de guerriers
urget : — *nous* presse :
hac patria alta — *c'est* par là *que votre* patrie élevée
reposcit vos — redemande vous
et Pallanta ducem. — et Pallas *votre* chef.
Nulla numina premunt ; — Aucunes divinités ne *nous* opprimient ;
urgemur mortales — nous sommes pressés *nous* mortels
ab hoste mortali ; — par un ennemi mortel ;
totidem — tout autant
animæque manusque — et de vies et de mains
nobis. — *sont* à nous.
Ecce pontus claudit nos — Voici que la plaine-liquide enferme nous
magno objice maris ; — par le grand obstacle de la mer ;
jam terra deest fugæ : — déjà la terre manque à *notre* fuite :
petemus pelagus — gagnerons-nous la haute-mer
Trojamne ? » — ou la *nouvelle* Troie ? »
Ait hæc, — Il dit ces *mots*,
et medius — et *se jetant* au-milieu
prorumpit in hostes densos. — il s'élance contre les ennemis serrés
  Lagus primum — Lagus en-premier-lieu
fit obvius huic, — se trouve à-la-rencontre à lui,
adductus fatis iniquis : — amené par des destins défavorables :
figit hunc telo intorto, — il perce celui-ci d'un trait lancé,
dum vellit saxum — tandis qu'il arrache une pierre
magno pondere, — d'un grand poids,
qua spina — *dans l'endroit* par où l'épine
per medium — *s'avançant* le long du milieu *du dos*
dedit discrimina costis, — a donné des séparations aux côtes,
receptatque hastam — et il retire *sa* javeline
hærentem ossibus. — attachée aux os.
Quem Hisbon non occupat super, — Lequel (Pallas) Hisbon ne surprend pas d'au-dessus (tandis qu'il se baisse),
ille quidem sperans hoc : — lui (Hisbon) pourtant espérant cela :
nam Pallas excipit ante — car Pallas prévient auparavant
ruentem, incautum, — *lui* se précipitant, sans-précaution,
dum furit — tandis qu'il est-furieux
crudeli morte sodalis, — de la cruelle mort de *son* compagnon,
atque recondit ensem — et il cache (enfonce) *son* épée
in pulmone tumido. — dans *son* poumon gonflé *de colère*.
Hinc petit Sthenelum, — De là (puis) il attaque Sthénélus,
et Anchemolum, — et Anchémolus,
de gente vetusta Rhœti, — de la race antique de Rhétus,
ausum incestare — *Anchémolus* qui osa souiller
thalamos novercæ. — le lit de *sa* belle-mère.

Vos etiam, gemini, Rutulis cecidistis in arvis,   390
Daucia, Laride Thymberque, simillima proles,
Indiscreta suis, gratusque parentibus error.
At nunc dura dedit vobis discrimina Pallas :
Nam tibi, Thymbre, caput Evandrius abstulit ensis;
Te decisa suum, Laride, dextera quærit,   395
Semianimesque micant digiti, ferrumque retractant:
  Arcadas accensos monitu, et præclara tuentes
Facta viri, mixtus dolor et pudor armat in hostes.
Tum Pallas bijugis fugientem Rhœtea præter
Trajicit : hoc spatium, tantumque moræ fuit Ilo :   400
Ilo namque procul validam direxerat hastam ,
Quam medius Rhœteus intercipit, optime Teuthra,
Te fugiens fratremque Tyren : curruque volutus
Cædit semianimis Rutulorum calcibus arva.
Ac velut, optato ventis æstate coortis,   405

le lit de sa belle-mère. Vous aussi, vous tombez dans les champs des Rutules, Laride et Thymber, fils de Daucus, nés le même jour et dont la parfaite ressemblance égarait en de douces méprises les yeux et la tendresse de vos parents. Mais Pallas aujourd'hui met entre vous une cruelle différence, car toi, Thymber, le glaive du fils d'Évandre te tranche la tête; et toi, Laride, ta main droite abattue te cherche encore, et tes doigts demi-vivants s'agitent et veulent ressaisir le fer qui leur échappe.

Les Arcadiens s'enflamment aux discours, aux brillants exploits de leur chef; un sentiment mêlé de douleur et de honte les ramène contre l'ennemi. En ce moment Pallas perce d'un trait Rhétée fuyant sur son char à deux coursiers, et cette mort retarde d'un instant celle d'Ilus. C'était sur Ilus que se dirigeait la pesante javeline, quand Rhétée, qui fuyait devant toi, vaillant Teuthras, et devant ton frère Tyrès, reçoit le coup et, tombant de son char, va frapper de ses pieds mourants la terre des Rutules. Ainsi, dans la saison

Vos etiam cecidistis	Vous aussi vous tombâtes
in arvis Rutulis,	dans les champs Rutules,
gemini,	*frères* jumeaux,
Laride Thymberque,	Laride et Thymber,
proles simillima Daucia,	race très-semblable de-Daucus,
indiscreta suis,	non-distinguée des siens,
errorque gratus	et *cause* d'erreur agréable
parentibus :	pour *vos* parents :
at Pallas nunc	mais Pallas maintenant (alors)
dedit vobis	a donné à vous
dura discrimina :	de dures (cruelles) distinctions ;
nam ensis Evandrius	car l'épée d'-Evandre
abstulit caput tibi,	ôta la tête à toi,
Thymbre ;	Thymber ;
dextera decisa	*ta main* droite coupée-et-abattue
quærit te suum, Laride,	cherche toi son *maître*, Laride,
digitique semianimes	et *tes* doigts à-demi-morts
micant,	se contractent,
retractantque ferrum.	et cherchent-à-ressaisir le fer.
Dolor et pudor	Le ressentiment et la honte
mixtus	mêlés (tout ensemble)
armat in hostes	arment contre les ennemis
Arcadas accensos	les Arcadiens enflammés
monitu,	par la réprimande *de Pallas,*
et tuentes	et voyant
præclara facta viri.	les éclatantes actions du guerrier.
Tum Pallas trajicit	Puis Pallas traverse *d'un trait*
Rhœtea	Rhétée
præterfugientem	qui-passe-devant-*lui*-en-fuyant
bijugis :	sur *son* char-à-deux-chevaux :
hoc fuit Ilo	cela fut pour Ilus
spatium,	un espace (un moment de vie) *laissé,*
tantumque moræ :	et tout autant de retard *pour la mort* :
namque procul	car de loin
dirèxerat Ilo	*Pallas* avait dirigé contre Ilus
hastam validam,	une javeline puissante,
quam Rhœteus intercipit	que Rhétée intercepte
medius,	*en passant* au-milieu,
fugiens te,	fuyant (tandis qu'il fuit) toi,
optime Teuthra,	très-vaillant Teuthra,
fratremque Tyren :	et *ton* frère Tyrès :
volutusque curru	et roulé (renversé) de *son* char
semianimis	à-demi-mort
cædit calcibus	il frappe de *ses* talons
arva Rutulorum.	les champs des Rutules.
Ac velut,	Et de même que,
ventis coortis æstate	les vents s'étant élevés l'été

Dispersa immittit silvis incendia pastor ;
Correptis subito mediis, extenditur una
Horrida per latos acies Vulcania campos ;
Ille sedens victor flammas despectat ovantes :
Non aliter socium virtus coit omnis in unum ,   410
Teque juvat, Palla : sed bellis acer Halesus
Tendit in adversos, seque in sua colligit arma.
Hic mactat Ladona, Pheretaque, Demodocumque ;
Strymonio dextram fulgenti deripit ense
Elatam in jugulum ; saxo ferit ora Thoantis,   415
Ossaque dispersit cerebro permixta cruento.
Fata canens silvis genitor celarat Halesum ;
Ut senior leto canentia lumina solvit,
Injecere manum Parcæ, telisque sacrarunt
Evandri ; quem sic Pallas petit ante precatus :   420
« Da nunc, Thybri pater, ferro, quod missile libro ,
Fortunam atque viam duri per pectus Halesi ;
Hæc arma exuviasque viri tua quercus habebit. »

d'été, un berger, secondé des vents qui s'élèvent et qu'il appelait de
ses vœux , porte l'incendie dans une forêt d'arides buissons; soudain
les flammes , comme d'épais bataillons , se déploient en ondoyant ,
envahissent la plaine et s'y étendent au loin : lui cependant , assis
sur la hauteur , contemple d'un regard satisfait les flammes triom-
phantes. Ainsi se rallient et se précipitent comme un seul homme
tes compagnons, ô Pallas ; ainsi tu t'en réjouis. Mais Halésus , terrible dans les combats, s'avance contre eux , ramassé sous ses armes.
Tour à tour il immole et Ladon , et Phérès, et Démodocus. De sa
foudroyante épée, il abat la main que Strymonius levait déjà pour lui
percer la gorge ; il frappe d'une pierre Thoas au visage , et soudain
vole éparse , avec ses os brisés , sa cervelle sanglante. Le père d'Halésus , interprète des destins, avait tenu son fils caché dans les forêts;
mais à peine la mort eut fermé à la lumière les paupières blanchies
du vieillard, les Parques étendirent les mains sur son fils, et le dé-
vouèrent aux traits du fils d'Évandre. Pallas l'attaque, après avoir fait
cette prière : « Dieu du Tibro , donne maintenant un heureux essor
à ce javelot que je balance, et qu'il trouve une route facile à travers
le cœur du cruel Halésus ! Les armes et les dépouilles du vaincu

optato,	selon-le-désir *du berger,*
pastor immittit silvis	le pasteur lance dans les forêts
incendia dispersa ;	des incendies épars (sur divers points);
subito mediis	tout à coup les *arbres* du-milieu
correptis,	étant saisis,
horrida acies Vulcania	l'épouvantable armée de-Vulcain
extenditur una	s'étend en même temps
per latos campos ;	à travers les vastes espaces ;
ille sedens	lui (le pasteur) assis
victor despectat	vainqueur contemple-d'en-haut
flammas ovantes :	les flammes triomphantes :
non aliter	non autrement (de même)
omnis virtus	toute la valeur [pagnons)
socium	de *tes* compagnons (tous tes braves com-
coit in unum,	se rassemble en un seul *point,*
juvatque te, Palla :	et aide toi, Pallas :
sed Halesus acer bellis	mais Halésus ardent dans les guerres
tendit in adversos,	se dirige contre *les Arcadiens* en-face *de lui,*
seque colligit	et se ramasse
in sua arma.	dans ses armes (sous son bouclier).
Hic mactat Ladona,	Il immole Ladon,
Pheretaque,	et Phérès,
Demodocumque ;	et Démodocus ;
ense fulgenti	de *son* épée étincelante
deripit Strymonio dextram	il abat à Strymonius *sa main* droite
elatam in jugulum ;	élevée contre *sa* gorge ;
ferit saxo	il frappe d'une pierre
ora Thoantis,	le visage de Thoas,
dispersitque ossa	et dispersa (fracassa) *ses* os
permixta cerebro cruento.	mêlés à *sa* cervelle sanglante.
Genitor	*Son* père
canens fata	qui chantait (annonçait) les destins
celarat Halesum silvis ;	avait caché Halésus dans les forêts ;
ut senior solvit leto	dès que le vieillard eut fermé par la mort
lumina canentia,	*ses* yeux *aux sourcils* blanchissants,
Parcæ injecere manum,	les Parques jetèrent la main sur *Halésus,*
sacraruntque telis Evandri;	et *le* dévouèrent aux traits d'Evandre ;
quem Pallas petit	lequel (Halésus) Pallas attaque
precatus sic ante :	ayant prié ainsi auparavant :
« Da nunc,	« Donne maintenant,
pater Thybri.	père (auguste) Tibre,
ferro, quod libro	au fer, que je balance
missile,	destiné-à-être-lancé,
fortunam atque viam	fortune et route (un heureux passage)
per pectus duri Halesi ;	à travers la poitrine du dur Halésus ;
tua quercus	ton chêne *sacré*
habebit hæc arma	possédera ces armes

Audiit illa deus; dum texit Imaona Halesus,
Arcadio infelix telo dat pectus inermum.   425

    At non cæde viri tanta perterrita Lausus ,
Pars ingens belli , sinit agmina. Primus Abantem
Oppositum interimit, pugnæ nodumque moramque.
Sternitur Arcadiæ proles ; sternuntur Etrusci ;
Et vos, o Graiis imperdita corpora, Teucri.   430
Agmina concurrunt ducibusque et viribus æquis :
Extremi addensent acies ; nec turba moveri
Tela manusque sinit. Hinc Pallas instat et urget,
Hinc contra Lausus : nec multum discrepat ætas ,
Egregii forma ; sed quis fortuna negarat   435
In patriam reditus ! Ipsos concurrere passus
Haud tamen inter se magni regnator Olympi ;
Mox illos sua fata manent majore sub hoste.

    Interea soror alma monet succurrere Lauso

---

seront suspendues à un chêne de tes bords. » Le dieu entendit sa
prière , et tandis qu'Halésus couvre Imaon de son bouclier, le malheureux livre lui-même au trait arcadien sa poitrine sans défense.

    Mais Lausus, l'une des plus grandes forces de l'armée, ne veut pas
que cette mort désastreuse porte l'épouvante et le découragement
dans les troupes latines. Le premier il tue Abas, opposé à ses coups,
Abas, qui seul retarde et enchaîne la victoire. Cet enfant de l'Arcadie tombe à ses pieds; comme lui tombent les Étrusques, et vous
aussi, Troyens échappés au fer des Grecs. Les deux armées s'entre-
choquent, se chargent avec des chefs égaux en valeur, avec des
forces qui se balancent; les rangs se pressent sur les rangs , et dans
cette foule compacte, l'espace manque au vol des flèches, au mou-
vement des bras. D'un côté, c'est Pallas qui presse, qui pousse l'attaque ; de l'autre , c'est Lausus : tous deux à peu près du même âge,
tous deux éclatants de beauté; mais tous deux condamnés par la fortune à ne plus revoir leur patrie. Cependant le souverain maître de
l'Olympe ne permet pas qu'ils combattent l'un contre l'autre : le destin veut qu'ils tombent sous les coups d'un plus redoutable ennemi.

    En ce moment la nymphe sœur de Turnus l'avertit de venir au

exuviasque viri. »	et les dépouilles de *ce* guerrier. »
Deus audiit illa ;	Le dieu entendit ces *paroles* ;
dum Halesus	tandis qu'Halésus
texit Imaona,	couvrait Imaon *de son bouclier,*
infelix dat	malheureux il donne (présente)
telo Arcadio	au trait Arcadien
pectus inermum.	une poitrine sans-armes.
At Lausus,	Mais Lausus,
ingens pars belli,	*qui est* une grande partie de la guerre,
non sinit	ne souffre pas
agmina perterrita	les bataillons *être* effrayés
cæde tanta	du carnage si grand
viri.	du guerrier (fait par Pallas).
Primus interimit Abautem	Le premier il fait-périr Abas
oppositum,	placé-en-face *de lui,*
nodumque	*Abas qui était* et le nœud (l'obstacle)
moramque pugnæ.	et le retard du combat (de la victoire).
Proles Arcadiæ	La race de l'Arcadie (les Arcadiens)
sternitur ;	est renversée ;
Etrusci sternuntur ;	les Etrusques sont renversés ;
et vos, o Teucri,	et vous *aussi*, ô Troyens,
corpora imperdita Graiis.	corps non-détruits par les Grecs.
Agmina concurrunt	Les bataillons s'entrechoquent
ducibusque	et avec des chefs *égaux*
et viribus æquis :	et avec des forces égales :
extremi addensent acies ;	les derniers resserrent les rangs ;
nec turba sinit	et la foule ne permet pas
tela manusque	les traits et les mains
moveri.	être mis-en-mouvement.
Hinc Pallas	D'ici (d'un côté) Pallas
instat et urget,	menace et presse,
hinc contra	de là du-côté-opposé
Lausus :	Lausus *menace et presse* :
nec ætas discrepat multum,	et *leur* âge ne diffère pas de beaucoup,
egregii	*tous deux sont* remarquables
forma ;	par *leur* beauté ;
sed quis fortuna negarat	mais à eux la fortune avait refusé
reditus in patriam !	le retour dans *leur* patrie !
Tamen regnator	Cependant le roi
magni Olympi	du grand Olympe
haud passus	ne souffrit pas
ipsos concurrere inter se ;	eux-mêmes lutter entre eux ;
sua fata manent illos mox	leurs destinées attendent eux bientôt
sub hoste majore.	sous un ennemi plus grand.
Interea soror alma	Cependant *sa* sœur auguste
monet Turnum	avertit Turnus
succurrere Lauso,	de porter-secours à Lausus,

Turnum, qui volucri curru medium secat agmen.   440
Ut vidit socios : « Tempus desistere pugnæ;
Solus ego in Pallanta feror; soli mihi Pallas
Debetur; cuperem ipse parens spectator adesset. »
Hæc ait; et socii cesserunt æquore jusso.

    At Rutulum abscessu juvenis, tum jussa superba   445
Miratus, stupet in Turno, corpusque per ingens
Lumina volvit, obitque truci procul omnia visu;
Talibus et dictis it contra dicta tyranni :
« Aut spoliis ego jam raptis laudabor opimis,
Aut leto insigni : sorti pater æquus utrique est :   450
Tolle minas. » Fatus, medium procedit in æquor.
Frigidus Arcadibus coit in præcordia sanguis.
Desiluit Turnus bijugis; pedes apparat ire
Cominus : utqué leo, specula quum vidit ab alta
Stare procul campis meditantem in prælia taurum,   455
Advolat : haud alia est Turni venientis imago.

secours de Lausus : aussitôt sur son char rapide il fend les bataillons. Dès qu'il voit les siens : « Arrêtez, s'écrie-t-il, suspendez ce
combat; moi seul j'attaquerai Pallas; c'est à moi seul que Pallas est
dû. Que n'ai-je ici son père même pour spectateur!» Il dit; et, dociles
à son ordre, ses guerriers lui laissent le champ libre.
    Au ton superbe de ce commandement, à la prompte obéissance des
Rutules, Pallas contemple Turnus avec étonnement, mesure des
yeux sa taille gigantesque, et de loin le parcourt tout entier d'un regard farouche. Il répond en ces mots aux paroles de l'orgueilleux
monarque : « Ou tes riches dépouilles me couvriront de gloire, ou
je mourrai d'un illustre trépas; l'un et l'autre sort est égal à mon
père : cesse donc tes menaces. » En parlant ainsi, il s'élance au milieu
de la plaine. Les Arcadiens sentent leur sang se glacer dans leurs
veines. Turnus descend de son char : c'est à pied, c'est de près qu'il
veut attaquer son adversaire. Comme se précipite un lion qui, du
haut d'une montagne, a vu dans la plaine un taureau qui s'apprête au
combat, ainsi Turnus se précipite. Dès que Pallas le voit à la por-

qui secat medium agmen	Turnus qui fend le milieu de l'armée
curru volucri.	sur son char rapide.
Ut vidit socios :	Dès qu'il vit ses compagnons :
« Tempus desistere pugnæ ;	« Il est temps de vous abstenir du combat;
ego solus feror in Pallanta ;	moi seul je me porte contre Pallas ;
Pallas debetur mihi soli ;	Pallas est dû à moi seul ;
cuperem parens ipse	je voudrais que son père lui-même
adesset spectator. »	fût-présent comme spectateur. »
Ait hæc ;	Il dit ces mots ;
et socii cesserunt	et ces compagnons se retirèrent
æquore	de la plaine
jusso.	ordonnée (qu'il leur ordonnait de quitter).
At abscessu Rutulum	Mais au départ des Rutules
juvenis ,	le jeune-homme,
tum miratus	de plus (déjà) admirant
jussa superba,	ces ordres superbes,
stupet	demeure immobile
in Turno,	sur (en contemplant) Turnus ,
volvitque lumina	et roule (promène) ses yeux
per ingens corpus ,	sur son immense corps ,
obitque	et parcourt
omnia	toutes choses (Turnus tout entier)
procul visu truci ;	de loin d'un regard farouche ;
et it talibus dictis	et il va avec de telles paroles
contra dicta tyranni :	en réponse aux paroles du roi :
« Ego laudabor jam	« Je serai loué bientôt
aut spoliis opimis raptis ,	ou pour des dépouilles opimes enlevées ,
aut leto insigni :	ou pour une mort glorieuse :
pater est æquus	mon père est égal (également bien disposé)
utrique sorti.	à l'un-et-à-l'autre sort.
Tolle minas. »	Supprime les menaces. »
Fatus,	Ayant parlé ,
procedit in medium æquor.	il s'avance au milieu de la plaine.
Sanguis frigidus	Le sang froid (glacé)
coit Arcadibus	se rassemble chez les Arcadiens
in præcordia.	vers le cœur.
Turnus desiluit	Turnus a sauté-en-bas
bijugis ;	de son char-à-deux-chevaux ;
apparat ire cominus pedes :	il se prépare à venir de près à-pied :
utque leo ,	et comme un lion ,
quum vidit	lorsqu'il a vu [montagne
ab alta specula	du haut de son lieu-d'observation (de la
taurum	un taureau
meditantem in prœlia	qui s'essaye pour le combat
stare procul campis ,	se tenir au loin dans les plaines,
advolat :	accourt-rapidement :
imago Turni venientis	l'image de Turnus qui s'avance

Hunc ubi contiguum missæ fore credidit hastæ,
Ire prior Pallas, si qua fors adjuvet ausum,
Viribus imparibus; magnumque ita ad æthera fatur:
« Per patris hospitium, et mensas quas advena adisti,   460
Te precor, Alcide, cœptis ingentibus adsis;
Cernat semineci sibi me rapere arma cruenta,
Victoremque ferant morientia lumina Turni. »
Audiit Alcides juvenem, magnumque sub imo
Corde premit gemitum, lacrimasque effudit inanes.   465
Tum genitor natum dictis affatur amicis:
« Stat sua cuique dies; breve et irreparabile tempus
Omnibus est vitæ; sed famam extendere factis,
Hoc virtutis opus. Trojæ sub mœnibus altis
Tot nati cecidere deum; quin occidit una   470
Sarpedon, mea progenies: et jam sua Turnum
Fata vocant, metasque dati pervenit ad ævi. »
Sic ait, atque oculos Rutulorum rejicit arvis.

téc du trait, il se hâte de l'attaquer le premier, espérant que la fortune en cette lutte inégale favorisera son audace, et, levant les yeux
vers le vaste Olympe : « Au nom de l'hospitalité que t'offrit mon
père, par sa table où tu es venu t'asseoir, Alcide, je t'en conjure,
favorise mes nobles efforts; que Turnus expirant me voie le dépouiller
de ses armes sanglantes, et que ses regards mourants reconnaissent
en moi son vainqueur. » Alcide entendit le jeune guerrier; il étouffa
dans le fond de son cœur un long gémissement, et laissa couler
d'inutiles larmes. Alors Jupiter adresse à son fils ces paroles amies :
« Chaque mortel a ses jours comptés; la vie humaine n'est qu'un
moment, et sa perte est irréparable; mais éterniser sa mémoire par
de hauts faits, voilà l'œuvre de la vertu. Combien d'enfants des dieux
sont tombés sous les murs de Troie! Sarpédon lui-même, Sarpédon
mon fils, y a succombé. Déjà les destins appellent aussi Turnus;
déjà il touche aux limites imposées à sa vie. » Il dit, et détourne
ses regards loin des champs des Rutules.

haud est alia.	n'est pas autre.
Ubi Pallas credidit	Dès que Pallas crut
hunc fore contiguum	celui-ci (Turnus) devoir être à-portée
hastæ missæ,	d'une javeline lancée,
ire prior,	*il se met à* marcher le premier,
si qua	*pour voir* si par quelque *moyen*
fors adjuvet ausum	le sort aiderait *lui* ayant osé *attaquer*
viribus imparibus ;	avec des forces inégales ;
faturque ita	et il parle ainsi
ad magnum æthera :	*en s'adressant* au grand éther :
« Per hospitium patris,	« Par l'hospitalité de *mon* père,
et mensas	et par les tables
quas adisti advena,	dont tu t'es approché *comme* étranger,
te precor, Alcide,	je te prie, Alcide,
adsis	sois-présent à (aide)
ingentibus cœptis ;	*mes* grandes entreprises ;
cernat	que *Turnus* voie
me rapere sibi semineci	moi enlever à lui à-demi-mort
arma cruenta,	*ses* armes ensanglantées,
luminaque morientia Turni	et que les yeux mourants de Turnus
ferant victorem. »	endurent *de voir* un vainqueur. »
Alcides audiit juvenem,	Alcide a entendu le jeune-homme,
premitque sub imo corde	et il étouffe au fond de *son* cœur
magnum gemitum,	un grand gémissement,
effuditque lacrimas inanes.	et il versa des larmes inutiles.
Tum genitor	Alors *son* père (Jupiter)
affatur natum dictis amicis:	s'adresse à *son* fils avec des paroles amies:
« Sua dies	« Son jour (le dernier jour)
stat cuique ;	est fixé pour chacun ;
tempus vitæ	le temps de la vie
est omnibus	est pour tous
breve et irreparabile ;	court et irréparable ;
sed extendere famam	mais prolonger *sa* renommée
factis,	par *ses* actions,
hoc opus virtutis.	*c'est là* l'œuvre de la valeur.
Tot nati deum cecidere	Tant de fils des dieux sont tombés
sub mœnibus altis Trojæ ;	sous les remparts élevés de Troie ;
quin Sarpedon,	bien plus Sarpédon,
mea progenies,	ma race (mon fils),
occidit una :	est tombé en même temps (aussi) :
jam sua fata	déjà ses destinées
vocant et Turnum,	appellent aussi Turnus,
pervenitque ad metas	et il est arrivé aux bornes
ævi dati. »	de la vie *qui lui est* accordée. »
Ait sic,	Il dit ainsi,
atque rejicit oculos	et il reporte *ses* yeux
arvis Rutulorum.	sur les champs des Rutules.

3.

At Pallas magnis emittit viribus hastam,
Vaginaque cava fulgentem deripit ensem.   475
Illa volans, humeri surgunt qua tegmina summa,
Incidit, atque, viam clypei molita per oras,
Tandem etiam magno strinxit de corpore Turni.
Hic Turnus ferro præfixum robur acuto
In Pallanta diu librans jacit, atque ita fatur :   480
« Adspice num mage sit nostrum penetrabile telum. »
Dixerat; at clypeum, tot ferri terga, tot æris,
Quum pellis toties obeat circumdata tauri,
Vibranti cuspis medium transverberat ictu,
Loricæque moras et pectus perforat ingens.   485
Ille rapit calidum frustra de vulnere telum :
Una eademque via sanguis animusque sequuntur.
Corruit in vulnus; sonitum super arma dedere ;
Et terram hostilem moriens petit ore cruento.
Quem Turnus super assistens :   490
« Arcades, hæc, inquit, memores mea dicta referte

Cependant Pallas lance son javelot de toutes ses forces et tire aussitôt
du fourreau profond son épée étincelante. Le trait vole, et, frappant le
haut de la cuirasse qui couvre l'épaule, perce les bords du bouclier et
effleure en glissant le grand corps de Turnus. Turnus alors, balan-
çant longtemps une forte javeline armée d'un fer acéré, la lance contre
Pallas : « Vois, s'écrie-t-il, si mon trait n'est pas plus pénétrant
que le tien. » Il dit, et le bouclier recouvert de tant de fer, de tant
d'airain, et qu'environnent tant de cuirs repliés les uns sur les autres,
est traversé dans le milieu par la pointe terrible du javelot, que
l'épaisseur de la cuirasse ne peut arrêter, et qui se fait une large ou-
verture dans la poitrine de Pallas. En vain le jeune guerrier arrache
de sa blessure le trait fumant : son sang et sa vie s'échappent ensemble par la même voie. Il tombe sous le coup ; ses armes retentis-
sent de sa chute, et, de sa bouche sanglante, il mord en mourant
cette terre ennemie. Turnus, debout devant lui : «Arcadiens, s'écrie-
t-il, retenez mes paroles, et rapportez-les à Évandre. Je lui renvoie

At Pallas emittit hastam	Mais Pallas lance un javelot
magnis viribus,	avec de grandes forces,
deripitque vagina cava	et tire de *son* fourreau creux
ensem fulgentem.	*son* épée étincelante.
Illa volans	Celle-là (la javeline) volant
incidit,	tombe *à cette place du bouclier*,
qua surgunt	par où s'élèvent
tegmina summa humeri,	les abris les plus hauts des épaules,
atque, molita viam	et, s'étant fait une route
per oras clypei,	à travers les bords du bouclier,
tandem strinxit etiam	enfin elle effleura même *une partie*
de magno corpore Turni.	du grand corps de Turnus.
Hic Turnus librans diu	Alors Turnus brandissant longtemps
robur	un bois-de-rouvre
præfixum ferro acuto	fiché-au-bout d'un fer aigu
jacit in Pallanta,	*le* lance contre Pallas,
atque fatur ita :	et parle ainsi :
« Adspice	« Vois
num nostrum telum	si notre trait
sit mage penetrabile. »	est plus pénétrant. »
Dixerat;	Il avait dit;
at cuspis	mais la pique
transverberat medium	traverse par-le-milieu
ictu vibranti	d'un coup vibrant
clypeum,	le bouclier,
tot terga ferri,	tant de cuirs (lames) de fer,
tot æris,	tant *de lames* d'airain,
quum pellis tauri	bien que la peau d'un taureau
circumdata	placée-tout-autour
obeat toties,	*le* recouvre tant de fois,
morasque loricæ,	et les retards (la résistance) de la cuirasse,
et perforat ingens pectus.	et perce la grande poitrine *de Pallas*.
Ille rapit frustra de vulnere	Lui (Pallas) arrache en vain de *sa* blessure
telum calidum :	le trait chaud :
una eademque via	par une seule et même route
sanguis animusque	*son* sang et *sa* vie
sequuntur.	suivent (s'échappent).
Corruit in vulnus;	Il tombe sur *sa* blessure;
arma dedere sonitum super;	*ses* armes ont rendu un son sur *lui*;
et moriens	et mourant
petit ore cruento	il cherche de *sa* bouche sanglante
terram hostilem.	une terre ennemie.
Turnus	Turnus
assistens super quem :	se tenant au-dessus de lui :
« Arcades, inquit,	« Arcadiens, dit-il,
memores	vous-*en*-souvenant-bien
referte Evandro	rapportez à Evandre

Evandro : qualem meruit, Pallanta remitto.
Quisquis honos tumuli, quidquid solamen humandi est,
Largior : haud illi stabunt Æneia parvo
Hospitia. » Et lævo pressit pede, talia fatus,   495
Exanimem, rapiens immania pondera baltei,
Impressumque nefas : una sub nocte jugali
Cæsa manus juvenum fœde, thalamique cruenti ;
Quæ Clonus Eurytides multo cælaverat auro ;
Quo nunc Turnus ovat spolio gaudetque potitus.   500
Nescia mens hominum fati sortisque futuræ,
Et servare modum, rebus sublata secundis !
Turno tempus erit, magno quum optaverit emtum
Intactum Pallanta, et quum spolia ista diemque
Oderit. At socii multo gemitu lacrimisque   505
Impositum scuto referunt Pallanta frequentes.
O dolor atque decus magnum rediture parenti !
Hæc te prima dies bello dedit, hæc eadem aufert ;

Pallas tel qu'il a mérité de le revoir. Qu'il lui rende les honneurs de
la tombe, les devoirs funèbres qui peuvent le consoler ; je le veux
bien : il aura payé cher l'hospitalité accordée au Troyen.» Il dit, et,
pressant de son pied gauche le corps inanimé, il le dépouille du
riche et pesant baudrier où l'art a représenté le plus horrible forfait :
cinquante jeunes époux frappés ensemble dans une seule nuit d'hymen, ensanglantent la couche nuptiale des pâles Danaïdes. Clonus,
fils d'Euryte, avait gravé sur l'or cette lamentable histoire. Maintenant Turnus triomphe et se pare de ce brillant trophée. O mortels
ignorants de l'avenir et des secrets du destin ! trompeuse ivresse de
la prospérité qui les égare loin des bornes de la modération ! Un
temps viendra où Turnus souhaitera de n'avoir pas mis la main sur
Pallas, et maudira le jour où il enleva ces dépouilles. Cependant,
rassemblés autour de Pallas, les Arcadiens avec de longs gémissements et en versant d'abondantes larmes, l'emportent étendu sur son
bouclier. O combien de douleur et de gloire ton retour va porter à
ton père ! Ce premier jour qui te donne aux combats, t'enlève aussi

hæc dicta mea :	ces paroles miennes :
remitto Pallanta,	je *lui* renvoie Pallas,
qualem meruit.	*tel* qu'il *l*'a mérité.
Quisquis honos tumuli,	Tout ce qu'*il y a* d'honneur d'un tombeau,
quiquid est solamen	tout ce qu'il y a de consolation
humandi,	d'inhumer,
largior :	je *le lui* accorde :
hospitia Æneia	l'hospitalité d'-Enée (donnée à Enée)
haud stabunt parvo illi. »	ne coûtera pas peu à lui. »
Et fatus talia,	Et ayant dit de telles *paroles*,
pressit pede lævo	il pressa de *son* pied gauche
exanimem,	*Pallas* inanimé,
rapiens	*lui* ôtant
pondera immania baltei,	le poids énorme de *son* baudrier,
nefasque impressum :	et le crime gravé-sur *ce baudrier:*
manus juvenum	une troupe de jeunes-gens
cæsa fœde	immolée odieusement
sub una nocte jugali,	sous (dans) une-seule nuit conjugale,
thalamique cruenti ;	et les chambres-nuptiales ensanglantées ;
quæ Clonus Eurytides	*sujets* que Clonus fils-d'Euryte
cælaverat auro multo ;	avait ciselés sur un or abondant ;
quo spolio	de laquelle dépouille
Turnus nunc ovat	Turnus maintenant triomphe
gaudetque	et il se réjouit
potitus.	s'*en* étant (de s'en être) emparé.
Mens hominum	Ame des hommes
nescia fati	ignorante du destin
sortisque futuræ,	et du sort à-venir,
et servare modum,	et *qui ne sait* garder une mesure,
sublata .	étant élevée
rebus secundis !	par des événements favorables !
Tempus erit Turno,	Un temps sera (viendra) pour Turnus,
quum optaverit	où il souhaitera
emtum magno	*même* acheté à un grand *prix*
Pallanta intactum,	Pallas intact,
et quum oderit ista spolia	et où il haïra ces dépouilles
diemque !	et le jour *où il les a ravies!*
At socii frequentes	Mais *ses* compagnons en-grand-nombre
multo gemitu	avec beaucoup de gémissements
lacrimisque	et de larmes
referunt Pallanta	rapportent Pallas
impositum scuto.	placé (couché)-sur *son* bouclier.
O rediture parenti	O *toi* qui vas revenir à *ton* père
dolor	*comme* un *grand sujet* de chagrin
atque magnum decus !	et un grand *sujet* d'honneur !
Hæc dies prima te dedit	Ce jour le premier t'a donné
bello,	à la guerre,

Quum tamen ingentes Rutulorum linquis acervos!

Nec jam fama mali tanti, sed certior auctor   540
Advolat Æneæ tenui discrimine leti
Esse suos ; tempus versis succurrere Teucris.
Proxima quæque metit gladio, latumque per agmen
Ardens limitem agit ferro ; te, Turne, superbum
Cæde nova quærens. Pallas, Evander, in ipsis   545
Omnia sunt oculis, mensæ quas advena primas
Tunc adiit, dextræque datæ. Sulmone creatos
Quatuor hic juvenes, totidem quos educat Ufens,
Viventes rapit, inferias quos immolet umbris,
Captivoque rogi perfundat sanguine flammas.   520

Inde Mago procul infensam contenderat hastam :
Ille astu subit ; at tremebunda supervolat hasta ;
Et genua amplectens effatur talia supplex :
« Per patrios Manes, per spes surgentis Iuli,

à la vie ! mais du moins tu laisses dans les champs des Rutules des
monceaux de cadavres.

Ce n'est plus la voix de la renommée, c'est un messager fidèle qui
vole vers Énée pour lui annoncer un si grand malheur, pour lui
apprendre l'extrême péril où se trouvent les siens, et qu'il est temps
de secourir les Troyens accablés. Il part ; il moissonne de sa terrible
épée tout ce qui s'offre à ses coups, et s'ouvre avec le fer un large
passage à travers les rangs ennemis : c'est toi qu'il cherche, Turnus,
toi qu'enivre d'orgueil le sang que tu viens de répandre. Pallas,
Évandre sont sans cesse présents à son esprit ; il songe à cette table
hospitalière qui, la première, l'a reçu, lui, étranger à l'Italie ; à
la main du vieux roi, pressée en signe d'alliance. Il saisit vivants
quatre guerriers, fils de Sulmon, et quatre dont Ufens est le père :
victimes dévouées aux mânes de Pallas, leur sang captif arrosera bientôt les flammes de son bûcher.

Ensuite il fait voler de loin contre Magus sa javeline homicide :
l'adroit guerrier esquive le coup en se baissant, et le dard passe en
frémissant au-dessus de sa tête. Alors, embrassant les genoux d'Énée,
et d'une voix suppliante : « Par les mânes de votre père, par Iule
votre doux espoir chaque jour grandissant, je vous en conjure,

hæc eadem aufert ;	ce même *jour* t'enlève ;
quum tamen	*ce jour* où cependant
linquis	tu laisses *sur le champ de bataille*
ingentes acervos	d'immenses monceaux
Rutulorum !	de Rutules !
Nec jam fama	Et *ce n'est* déjà plus la renommée
mali tanti,	d'un désastre si grand,
sed auctor certior	mais un messager plus certain
advolat Æneæ	*qui* vole-près d'Enée,
suos	*et lui apprend* les siens
esse tenui discrimine leti ;	être à une légère distance de la mort ;
tempus succurrere	*qu'il est* temps de porter-secours
Teucris versis.	aux Troyens mis-en-déroute.
Metit gladio	Il moissonne de *son* glaive
quæque proxima,	tout ce qui *est* le plus proche *de lui*,
ardensque	et ardent
agit latum limitem	il conduit (se fait) un large chemin
ferro	par le fer
per agmen ;	à travers l'armée ;
quærens te, Turne,	cherchant toi, Turnus,
superbum cæde nova.	*toi* orgueilleux d'un carnage nouveau.
Pallas, Evander,	Pallas, Evandre,
omnia sunt in oculis ipsis,	tout est devant *ses* yeux mêmes,
mensæ	les tables
quas primas	que les premières (pour la première fois)
adiit tunc advena,	il aborda alors *comme* étranger,
dextræque datæ.	et les *mains* droites données (l'alliance
Hic rapit viventes	Alors il saisit vivants [conclue).
quatuor juvenes	quatre jeunes-guerriers
creatos Sulmone,	nés de Sulmon,
totidem	tout autant (quatre autres)
quos educat Ufens,	qu'élève Ufens, [Pallas)
quos immolet umbris	qu'il veut immoler aux ombres (mânes de
inferias,	*comme* victimes-expiatoires,
perfundatque flammas rogi	et veut arroser les flammes du bûcher
sanguine captivo.	du sang de-*ces*-captifs.
Inde	De là (ensuite)
contenderat Mago procul	il avait tendu contre Magus de loin
hastam infensam :	une javeline ennemie :
ille subit	celui-ci passe-dessous *en se baissant*
astu ;	par ruse ;
at hasta tremebunda	mais la javeline tremblante
supervolat ;	vole-par-dessus *lui* ;
et amplectens genua	et embrassant les genoux *d'Enée*
supplex effatur talia :	suppliant il dit de telles *paroles* :
« Per Manes patrios,	« Par les Mânes de-*ton*-père,
per spes Iuli surgentis,	par les espérances d'Iule qui grandit,

Te precor, hanc animam serves natoque patrique.   525
Est domus alta ; jacent penitus defossa talenta
Cælati argenti ; sunt auri pondera facti
Infectique mihi : non hic victoria Teucrum
Vertitur, aut anima una dabit discrimina tanta. »
Dixerat ; Æneas contra cui talia reddit :   530
« Argenti atque auri memoras quæ multa talenta,
Gnatis parce tuis : belli commercia Turnus
Sustulit ista prior jam tum , Pallante peremto.
Hoc patris Anchisæ Manes, hoc sentit Iulus. »
Sic fatus, galeam læva tenet, atque reflexa   535
Cervice orantis capulo tenus applicat ensem.
   Nec procul Hæmonides, Phœbi Triviæque sacerdos,
Infula cui sacra redimibat tempora vitta,
Totus collucens veste, atque insignibus armis :
Quem congressus agit campo, lapsumque superstans   540
Immolat, ingentique umbra tegit. Arma Serestus

conservez-moi la vie pour un fils et pour un père. J'ai un palais superbe : j'y possède, profondément enfouis dans la terre, des amas
d'argent ciselé ; de vastes monceaux d'or travaillé, d'or brut, em-
plissent mes trésors. Ma mort ne fera point passer la victoire aux
Troyens, une seule vie n'est pas d'un si grand poids dans la balance du destin. » Il parlait ainsi ; Énée lui répond : « Tous ces
talents d'or et d'argent, toutes ces richesses dont tu parles, épargne-
les pour tes enfants : Turnus, le premier, a banni ces échanges de
nos combats, en égorgeant Pallas. Voilà ce que demandent les mânes
d'Anchise, voilà ce que demande Iule. » A ces mots, de sa main
gauche il saisit le casque de Magus, et, repoussant en arrière la tête
du suppliant, il lui plonge dans la gorge son glaive tout entier.
   Non loin de là le fils d'Hémon, prêtre de Phébus et de Diane, le
front ceint de la tiare et du bandeau sacré, éblouissait les yeux par
l'éclat de ses habits et de ses armes magnifiques. Énée vole à lui dans
la plaine ; le pontife tombe ; Énée l'atteint, l'immole et le couvre
de l'ombre éternelle. Séreste lui enlève ses armes, et emporte sur

te precor,	je te prie,
serves hanc animam	conserve cette (ma) vie
natoque patrique.	et à mon fils et à mon père.
Est domus alta ;	A moi est une demeure élevée ;
talenta argenti cælati	à moi des talents d'argent ciselé
jacent defossa penitus ;	gisent enfouis profondément ;
mihi sunt pondera auri	à moi sont des poids d'or
facti infectique :	travaillé et non-travaillé :
victoria Teucrum	la victoire des Troyens
non vertitur	ne tourne pas (n'est pas intéressée)
hic,	ici (à ma mort),
aut una anima	ou (ni) une-seule vie
dabit tanta discrimina. »	ne donnera (causera) de si grandes crises.»
Dixerat; .	Il avait dit ;
Æneas contra	Enée en-réponse
reddit cui talia :	rend à lui de telles paroles :
« Parce tuis gnatis	« Epargne (garde) pour tes enfants
multa talenta	les nombreux talents
argenti atque auri	d'argent et d'or
quæ memoras :	que tu mentionnes :
Turnus prior	Turnus le premier
sustulit jam tum	a enlevé (aboli) déjà alors
ista commercia belli,	ces trafics de guerre,
Pallante peremto.	Pallas ayant été tué (en le tuant).
Manes patris Anchisæ	Les Mânes de mon père Anchise
hoc,	pensent cela (sont de cet avis),
Iulus sentit hoc. »	Iule pense cela. »
Fatus sic,	Ayant parlé ainsi, [Magus,
tenet læva galeam,	il tient de sa main gauche le casque de
atque cervice orantis	et le cou du guerrier suppliant
reflexa	étant replié-en-arrière
applicat ensem	il y enfonce son épée
tenus capulo.	jusqu'à la garde.
Nec procul Hæmonides,	Et non loin de là était le fils-d'Hémon,
sacerdos Phœbi Triviæque,	prêtre de Phébus et de Diane,
cui infula	à qui un bonnet
redimibat tempora	ceignait les tempes
vitta sacra,	d'une bandelette sacrée,
totus collucens veste,	tout éclatant par ses vêtements,
atque armis insignibus :	et par ses armes ornées :
quem agit campo	lequel il poursuit dans la plaine
congressus,	en-étant-venu-aux-mains avec lui,
superstansque lapsum	et se-tenant-au-dessus-de lui tombé
immolat,	il l'immole,
tegitque ingenti umbra.	et le couvre de sa grande ombre.
Serestus refert humeris	Séreste rapporte sur ses épaules
arma lecta,	les armes enlevées,

Lecta refert humeris, tibi', rex Gradive, tropæum.
Instaurant acies Vulcani stirpe creatus
Cæculus, et veniens Marsorum montibus Umbro.
Dardanides contra furit. Anxuris ense sinistram   545
Et totum clypei ferro dejecerat orbem.
Dixerat ille aliquid magnum, vimque affore verbo
Crediderat, cœloque animum fortasse ferebat,
Canitiemque sibi et longos promiserat annos.
Tarquitus exsultans contra fulgentibus armis,   550
Silvicolæ Fauno Dryope quem nympha crearat,
Obvius ardenti sese obtulit : ille reducta
Loricam clypeique ingens onus impedit hasta.
Tum caput orantis nequidquam, et multa parantis
Dicere, deturbat terræ; truncumque tepentem   555
Provolvens, super hæc inimico pectore fatur :
« Istic nunc, metuende, jace : non te optima mater
Condet humi, patriove onerabit membra sepulcro :

ses épaules ces riches dépouilles, trophée digne de toi, puissant
dieu de la guerre. Céculus, fils de Vulcain, et Umbron, sorti des
montagnes des Marses, raniment le combat. Le héros Dardanien
se précipite sur eux : du tranchant de son épée il abat la main
gauche d'Anxur et brise l'orbe entier de son bouclier. Anxur avait
prononcé quelques mots magiques, et, croyant que l'effet suivrait les
paroles, il élevait jusqu'au ciel son fol espoir, et se promettait de
longues années, une heureuse vieillesse. Tout fier de son armure
éblouissante, Tarquitus, fils du dieu Faune et de la nymphe Dryope,
habitants des bois, ose se présenter au-devant du héros en fureur;
Énée d'une javeline balancée avec force traverse à la fois et sa cuirasse et son pesant et inutile bouclier. En vain Tarquitus veut atten-
drir son vainqueur; Énée abat d'un coup cette tête suppliante, fait
rouler à terre le corps encore fumant, et, posant le pied sur cette poitrine ennemie, il exhale sa colère en ces mots : « Reste là désormais,
redoutable guerrier; une tendre mère ne t'ensevelira point, n'ou-
vrira point une tombe à tes os dans la terre de la patrie. Tu seras

tropæum tibi, rex Gradive.	trophée pour toi, roi (dieu) Mars.
Cæculus	Céculus
creatus stirpe Vulcani,	sorti de la race de Vulcain,
et Umbro	et Umbron
veniens montibus	qui vient des montagnes
Marsorum	des Marses
instaurant acies.	rétablissent les rangs.
Dardanides	Le descendant-de-Dardanus
furit contra.	exerce-sa-fureur du-côté-opposé.
Dejecerat ense	Il avait abattu avec *son* épée
sinistram Anxuris,	la *main* gauche d'Anxur,
et ferro	et avec le fer *de son épée*
totum orbem clypei.	tout l'orbe du bouclier.
Ille	Celui-là (Anxur)
dixerat aliquid magnum,	avait dit quelque chose de superbe,
credideratque	et il avait cru
vim affore verbo,	de la valeur devoir s'ajouter à *sa* parole,
ferebatque fortasse	et il portait (élevait) peut-être
animum cœlo,	*son* esprit jusqu'au ciel,
sibique promiserat	et il s'était promis
canitiem	des cheveux-blancs
et longos annos.	et de longues années.
Tarquitus exsultans contra	Tarquitus qui se pavanait en-face
armis fulgentibus,	avec des armes éclatantes,
quem nympha Dryope	*Tarquitus* que la nymphe Dryope
crearat	avait mis-au-jour
Fauno silvicolæ,	à Faune habitant-des-forêts,
obvius	*se portant* à-la-rencontre,
sese obtulit ardenti :	s'offrit à *Enée* enflammé :
ille impedit	celui-ci embarrasse (cloue)
hasta reducta	d'une javeline ramenée-en-arrière *et lancée*
loricam	la cuirasse *de Tarquitus*
ingensque onus clypei.	et l'immense poids de *son* bouclier
Tum deturbat terræ	Puis il abat à terre
caput orantis nequidquam,	la tête du *guerrier* qui priait en vain,
et parantis dicere multa;	et *se* préparait à dire beaucoup de *paroles;*
provolvensque	et faisant-rouler
truncum tepentem,	*son* tronc tiède,
fatur super hæc	il dit de plus ces *paroles*
pectore inimico :	d'une poitrine ennemie :
« Jace nunc istic,	« Sois-gisant maintenant ici,
metuende :	*guerrier* redoutable :
optima mater	*ton* excellente mère
non condet te humi,	n'ensevelira pas toi dans la terre,
onerabitve membra	ou (et) ne chargera pas *tes* membres
sepulcro patrio :	d'un tombeau dans-la-patrie :
linquere	tu seras abandonné

Alitibus linquere feris, aut gurgite mersum
Unda feret, piscesque impasti vulnera lambent. »   560
    Protinus Antæum et Lucam, prima agmina Turni,
Persequitur, fortemque Numam, fulvumque Camertem,
Magnanimo Volscente satum, ditissimus agri
Qui fuit Ausonidum, et tacitis regnavit Amyclis '.
Ægæon qualis, centum cui brachia dicunt   565
Centenasque manus, quinquaginta oribus ignem
Pectoribusque arsisse, Jovis quum fulmina contra
Tot paribus streperet clypeis, tot stringeret enses :
Sic toto Æneas desævit in æquore victor,
Ut semel intepuit mucro. Quin ecce Niphæi   570
Quadrijuges in equos adversaque pectora tendit ;
Atque illi, longe gradientem et dira frementem
Ut videre, metu versi, retroque ruentes,
Effunduntque ducem, rapiuntque ad littora currus.
    Interea bijugis infert se Lucagus albis   575.

abandonné aux oiseaux de proie, ou ton corps, emporté dans l'abîme
des mers, sera le jouet des ondes, et les poissons affamés suceront le
sang de tes blessures. »
    De là il s'élance sur Antée et sur Lycas, qui combattaient aux
premiers rangs; il poursuit et le courageux Numa et le blond Camerte,
fils du magnanime Volscens ; Camerte, le plus riche possesseur des
champs d'Ausonie, et souverain de la taciturne Amyclée. Comme on
peint Égéon aux cent bras, aux cent mains, et vomissant par cinquante bouches le feu recelé dans sa vaste poitrine, lorsque luttant
contre Jupiter il opposait à ses foudres l'airain de cinquante bou-
cliers et de cinquante épées nues, tel Énée porte sa fureur dans la
plaine, dès que son glaive s'est une fois chauffé dans le sang. Mais le
voilà déjà qui s'élance devant le poitrail menaçant des quatre chevaux de Niphée. Du plus loin qu'ils ont vu le héros qui frémit et
s'avance terrible, les coursiers épouvantés, se rejetant en arrière,
renversent leur conducteur et emportent le char vers le rivage.
    Cependant Lucagus et son frère Liger poussent à leur tour dans
la mêlée un char attelé de deux chevaux blancs. Liger gouverne les

alitibus feris ,	aux oiseaux sauvages (de proie),
aut unda feret	ou l'onde *te* portera
mersum gurgite ,	englouti dans *son* gouffre ,
piscesque impasti	et les poissons non-repus
lambent vulnera. »	lécheront *tes* blessures.
Protinus	En-continuant
persequitur Antæum	il poursuit Antée
et Lucam ,	et Lycas ,
prima agmina	premiers bataillons (combattant au pre-
Turni ,	*des troupes* de Turnus, [mier rang)
fortemque Numam ,	et le courageux Numa ,
fulvumque Camertem ,	et le fauve Camerte ,
satum	issu
magnanimo Volscente ,	du magnanime Volscens ,
qui fuit ditissimus	qui fut le plus riche
agri Ausonidum ,	du champ (territoire) des Ausoniens ,
et regnavit Amyclis tacitis.	et régna dans Amyclée la silencieuse.
Qualis Ægæon ,	*Tel* qu'Egéon ,
cui dicunt centum brachia,	à qui on dit cent bras *avoir été*,
centenasque manus ,	et cent mains ,
ignem arsisse	le feu avoir brûlé *en lui*
quinquaginta oribus	par cinquante bouches
pectoribusque ,	et *cinquante* poitrines ,
quum streperet	lorsqu'il résonnait
tot clypeis paribus	d'autant de boucliers égaux
contra fulmina Jovis ,	contre les foudres de Jupiter,
stringeret tot enses :	*et* qu'il serrait (tirait) autant d'épées :
sic Æneas victor	ainsi Enée vainqueur
desævit in toto æquore ,	sévit dans toute la plaine ,
ut semel mucro	dès qu'une-fois la pointe *de son épée*
intepuit.	s'est tiédie *de sang*.
Quin ecce tendit	Bien plus voilà qu'il se dirige
in equos Niphæi	contre les chevaux de Niphée
quadrijuges	attelés-à-quatre
pectoraque	et *contre leurs* poitrines
adversa ;	*placées* en-face *de lui;*
atque illi ,	et ceux-ci ,
ut videre longe gradientem	dès qu'ils virent au loin *lui* marchant
et frementem dira ,	et frémissant d'une-manière-menaçante,
versi metu ,	s'étant retournés de crainte ,
ruentesque retro ,	et se précipitant en arrière ,
effunduntque ducem ,	et renversent *leur* conducteur,
rapiuntque currus	et emportent le char
ad littora.	vers le rivage.
Interea Lucagus	Cependant Lucagus
se infert in medios	s'introduit au milieu des *guerriers*
bijugis albis ,	avec un attelage-de-deux-chevaux blancs,

In medios, fraterque Liger; sed frater habenis
Flectit equos; strictum rotat acer Lucagus ensem.
Haud tulit Æneas tanto fervore furentes :
Irruit, adversaque ingens apparuit hasta.
Cui Liger :   580
« Non Diomedis equos, nec currus cernis Achillei,
Aut Phrygiæ campos : nunc belli finis et ævi
His dabitur terris. » Vesano talia late
Dicta volant Ligeri : sed non et Troius heros
Dicta parat contra ; jaculum nam torquet in hostem.   585
Lucagus ut pronus pendens in verbera telo
Admonuit bijugos, projecto dum pede lævo
Aptat se pugnæ, subit oras hasta per imas
Fulgentis clypei, tum lævum perforat inguen ;
Excussus curru moribundus volvitur arvis.   590
Quem pius Æneas dictis affatur amaris :
« Lucage, nulla tuos currus fuga segnis equorum
Prodidit, aut vanæ vertere ex hostibus umbræ ;

rênes et l'intrépide Lucagus fait tournoyer sa foudroyante épée. Énée
s'indigne à tant d'audace et de fureur : il se précipite, et, la lance dres-
sée, il leur apparaît immense. Alors Liger : « Ce ne sont ni les chevaux de Diomède, ni le char d'Achille que tu vois ; tu n'es pas ici
dans les champs de Phrygie. Tu vas trouver sur cette terre la fin de
la guerre et de tes jours. » Ainsi s'exhalent les vaines bravades de
Liger. Mais ce n'est point par des bravades que répond le héros
Troyen : il lance sa javeline à son ennemi, tandis que Lucagus pen-
ché sur les rênes aiguillonne de la pointe de son dard ses coursiers
haletants, et que, le pied gauche en avant, il s'apprête au combat.
Le javelot traverse le bord inférieur de l'étincelant bouclier et s'enfonce dans l'aine gauche de Lucagus, qui, renversé de son char,
tombe mourant et va rouler sur la poussière. Le pieux Énée lui
adresse ces paroles amères : « Ce ne sont point tes chevaux qui t'ont
trahi par une course trop lente ; un vain fantôme n'a point égaré
leurs pas loin de l'ennemi : toi-même, descendant de l'attelage, les

fraterque Liger ;	et *avec lui son* frère Liger ;
sed frater	mais *son* frère
flectit equos habenis ;	dirige les chevaux avec les rênes ;
acer Lucagus	le bouillant Lucagus
rotat ensem strictum.	fait-tourner une épée serrée (tirée).
Æneas haud tulit	Enée ne supporta pas
furentes tanto fervore :	*eux* transportés d'une si grande ardeur :
irruit,	il se précipita,
ingensque apparuit	et grand il apparut
hasta adversa.	avec *sa* javeline tournée-contre *eux.*
Cui Liger :	A lui Liger :
« Non cernis	« Tu ne vois pas
equos Diomedis,	les chevaux de Diomède,
nec currus Achillei,	ni le char d'Achille,
aut campos Phrygiæ :	ou les champs de la Phrygie :
nunc finis belli et ævi	à présent la fin de la guerre et de *ta* vie
dabitur his terris. »	sera donnée (accomplie) sur cette terre. »
Talia dicta	De telles paroles
volant late	s'envolent au loin
vesano Ligeri :	à (prononcées par) l'insensé Liger :
sed heros Troius	mais le héros Troyen
non parat et dicta	ne prépare pas aussi des paroles
contra ;	en-réponse ;
nam torquet jaculum	car il brandit un javelot
in hostem.	contre *son* ennemi.
Ut Lucagus pronus	Dès que Lucagus baissé
pendens	suspendu (se penchant)
in verbera	pour *appliquer* le coup
admonuit bijugos	a averti (excité) *ses* deux-chevaux
telo,	avec *son* trait (en les piquant),
dum pede lævo projecto	tandis que le pied gauche étant avancé
se aptat pugnæ,	il se dispose pour le combat,
hasta subit	la javeline s'introduit
per oras imas	à travers les bords les plus bas
clypei fulgentis,	du bouclier éclatant,
tum perforat	puis *lui* perce
inguen lævum ;	l'aine gauche ;
excussus curru	jeté-à-bas-de *son* char
moribundus volvitur arvis.	mourant il se roule sur la plaine.
Quem pius Æneas	A lui le pieux Enée
affatur dictis amaris :	parle en termes amers :
« Lucage,	« Lucagus,
nulla segnis fuga equorum	aucune lâche fuite de *tes* chevaux
prodidit tuos currus,	n'a trahi ton char,
aut vanæ umbræ	ou (et) de vaines ombres
vertere ex hostibus ;	ne *l'*ont pas détourné des ennemis ;
ipse saliens rotis	toi-même t'élançant des roues

Ipse rotis saliens juga deseris. » Hæc ita fatus,
Arripuit bijugos. Frater tendebat inermes   595
Infelix palmas, curru delapsus eodem :
« Per te, per qui te talem genuere parentes,
Vir Trojane, sine hanc animam, et miserere precantis. »
Pluribus oranti Æneas : « Haud talia dudum
Dicta dabas; morere, et fratrem ne desere frater. »   600
Tum latebras animæ, pectus, mucrone recludit.
    Talia per campos edebat funera ductor   ·
Dardanius, torrentis aquæ vel turbinis atri
More furens. Tandem erumpunt, et castra relinquunt
Ascanius puer et nequidquam obsessa juventus.   605
    Junonem interea compellat Jupiter ultro :
« O germana mihi atque eadem gratissima conjux,
Ut rebare, Venus, nec te sententia fallit,   ·
Trojanas sustentat opes : non vivida bello
Dextra viris, animusque ferox, patiensque pericli. »   610
Qui Juno submissa : « Quid, o pulcherrime conjux,

as laissés sans guide. » A ces mots il saisit les deux coursiers. Le
malheureux frère, tombé du même char, tendait au vainqueur ses
mains désarmées : « Noble Troyen, disait-il, par toi, par les parents
qui ont mis au jour un héros tel que toi, épargne ma vie, sois tou-
ché des prières d'un suppliant. » Énée l'interrompt : « Tout à l'heure
tu tenais un autre langage. Meurs, et, frère de Lucagus, ne quitte
point ton frère. » En disant ces mots, de la pointe de son glaive il
lui perce la poitrine, et fait sortir son âme de sa demeure cachée.

    Ainsi le chef des Troyens couvrait la plaine de funérailles, non
moins furieux qu'un torrent débordé ou qu'un noir tourbillon.
Enfin Ascagne et la jeunesse troyenne, plus faiblement assiégés,
s'élancent hors des barrières et s'échappent du camp.

    Cependant Jupiter, s'adressant à Junon : « Ma sœur, mon épouse
chérie, vous ne vous trompiez pas, Vénus soutient en effet les
Troyens; leur bras est sans vigueur dans les combats, leur cœur
est sans courage et sans fermeté dans les dangers. » Junon lui répond d'une voix soumise : « Pourquoi, ô le plus beau des époux,

deseris juga. »
Fatus ita hæc,
arripuit bijugos.
Infelix frater
tendebat palmas inermes,
delapsus eodem curru :
« Per te ,
per parentes
qui genuere te talem ,
vir Trojane ,
sine hanc animam ,
et miserere precantis. »
Æneas oranti pluribus :
« Haud dabas
dudum
talia dicta ,
morere,
et frater ne desere fratrem. »
Tum recludit mucrone
pectus, latebras animæ.
  Ductor Dardanius
edebat talia funera
per campos,
furens
more aquæ
torrentis,
vel turbinis atri.
Tandem puer Ascanius
et juventus obsessa
nequidquam
erumpunt,
et relinquunt castra.
  Interea Jupiter
compellat ultro Junonem :
« O germana mihi
atque eadem
conjux gratissima,
Venus, ut rebare,
nec sententia fallit te ,
sustentat opes Trojanas :
dextra vivida bello
non viris ,
animusque ferox,
patiensque pericli. »
Cui Juno submissa :
« Quid,
o pulcherrime conjux,

tu abandonnes *ton* attelage. »
Ayant dit ainsi ces *mots*
il saisit les deux-chevaux.
Le malheureux frère *de Lucagus*
tendait des mains désarmées ,
ayant glissé-en-bas du même char :
« Au nom de toi,
au nom des parents
qui ont engendré toi tel (si grand),
guerrier Troyen ,
laisse-*moi* cette vie,
et aie-pitié de *moi* qui *te* prie. »
Enée *dit à lui* qui priait en plus de *paroles:*
« Tu ne donnais (ne disais) pas
tout à l'heure
de telles paroles;
meurs,
et frère n'abandonne pas *ton* frère. »
l'uis il ouvre de *son* épée
la poitrine, cachette de l'âme.
  Le chef Dardanien
produisait de telles funérailles
à travers les plaines ,
exerçant-*sa*-fureur
à la manière d'une eau
qui-coule-en-torrent,
ou d'un tourbillon noir.
Enfin le jeune Ascagne
et la jeunesse assiégée
en vain
s'échappent,
et abandonnent le camp.
  Cependant Jupiter
interpelle de lui-même Junon :
« O *toi qui es* une sœur pour moi
et la même (en même temps)
une épouse très-chère ,
Vénus, comme tu le croyais,
et *ta* pensée ne trompe pas toi,
soutient les forces Troyennes :
une droite vigoureuse pour la guerre
n'*est* pas à *ces* guerriers,
et (ni) un cœur intrépide,
et qui-sache-endurer le danger. »
A lui Junon humiliée :
« Pourquoi,
ô *mon* très-bel époux,

Sollicitas ægram et tua tristia dicta timentem?
Si mihi, quæ quondam fuerat, quamque esse decebat,
Vis in amore foret, non hoc mihi namque negares,
Omnipotens, quin et pugnæ subducere Turnum,   615
Et Dauno possem incolumem servare parenti.
Nunc pereat, Teucrisque pio det sanguine pœnas :
Ille tamen nostra deducit origine nomen,
Pilumnusque illi quartus pater, et tua larga
Sæpe manu multisque oneravit limina donis. »   620
Cui rex ætherei breviter sic fatur Olympi :
« Si mora præsentis leti tempusque caduco
Oratur juveni, meque hoc ita ponere sentis,
Tolle fuga Turnum, atque instantibus eripe fatis.
Hactenus indulsisse vacat ; sin altior istis   625
Sub precibus venia ulla latet, totumque moveri
Mutarive putas bellum, spes pascis inanes. »
Et Juno allacrimans : « Quid si, quod voce gravaris,

affliger une épouse déjà si malheureuse et qui craint tant vos paroles
sévères? Si votre amour était toujours ce qu'il était jadis, ce qu'il
devrait être encore, vous ne me refuseriez pas ce que je désire, vous
qui êtes tout-puissant : je pourrais arracher Turnus au combat et le
rendre vivant à Daunus, son père. Mais non, il faut qu'il périsse
et que son sang généreux satisfasse à la haine des Troyens. Cependant il tire de nous son origine et son nom; Pilumnus est son
quatrième aïeul, Pilumnus dont les mains pieuses ont si souvent
chargé vos autels de riches offrandes. » Le roi du vaste Olympe ré-
plique en peu de mots : « Si vous me demandez de retarder la mort
de ce jeune guerrier qui bientôt doit tomber, si vous n'étendez pas
plus loin l'effet de mon indulgence, dérobez Turnus par la fuite,
arrachez-le aux destins qui le pressent. Jusque-là ma bonté peut
vous complaire. Mais si vos prières cachent de plus hautes préten-
tions : si vous croyez que le sort de la guerre sera troublé ou changé
selon vos vœux, vous vous flattez d'une vaine espérance. » Alors
Junon, en pleurant : « Si ce que votre bouche me refuse, votre

sollicitas ægram	tourmentes-tu *moi* malade (affligée)
et timentem	et qui crains
tua tristia dicta?	tes amères paroles?
Si vis in amore,	Si l'ardeur dans *ton* amour,
quæ fuerat	qui avait été (telle qu'elle était)
quondam,	autrefois,
quamque decebat esse,	et qu'il convenait être (et qu'elle devait
foret mihi,	existait à moi, [être),
namque non negares	assurément tu ne refuserais pas
hoc mihi,	cela à moi,
omnipotens,	*toi* tout-puissant,
quin possem	que je pusse
et subducere Turnum	et soustraire Turnus
pugnæ,	au combat,
et servare incolumem	et *le* conserver sain-et-sauf
Dauno parenti.	à Daunus *son* père.
Pereat nunc,	Qu'il périsse maintenant,
detque pœnas	et qu'il donne des peines (satisfasse)
Teucris	aux Troyens
sanguine pio :	de *son* sang pieux :
tamen ille deducit nomen	cependant il tire *son* nom
nostra origine,	de notre origine,
Pilumnusque	et Pilumnus
quartus pater illi,	*est* le quatrième père (ancêtre) à lui,
et sæpe oneravit tua limina	et souvent il a chargé ton seuil
manu larga	d'une main libérale
multisque donis. »	et de nombreux présents. »
Cui rex Olympi ætherei	A elle le roi de l'Olympe éthéré
fatur sic breviter :	parle ainsi en-peu-de-mots :
« Si mora leti præsentis	« Si le retard de la mort présente
tempusque oratur	et *si* du temps est demandé *par toi*
juveni caduco,	pour *ce* jeune-homme qui-va-tomber,
sentisque me	et si tu comprends moi
ponere hoc ita,	établir (décider) cela ainsi,
tolle Turnum fuga,	enlève Turnus par la fuite,
atque eripe fatis	et arrache-*le* aux destins
instantibus.	qui *le* pressent.
Vacat	Il *m'*est-permis
indulsisse hactenus ;	d'être-complaisant jusque là ;
sin ulla venia altior	mais si quelque concession plus grande
latet sub istis precibus,	se cache sous ces prières,
putasque totum bellum	et que tu penses toute la guerre
moveri mutarive,	être dérangée ou être changée,
pascis spes inanes. »	tu nourris des espérances vaines. »
Et Juno allacrimans :	Et Junon pleurant :
« Quid	« Que *serait-ce*
si dares mente,	si tu *me* donnais d'intention,

Mente dares, atque hæc Turno rata vita maneret!
Nunc manet insontem gravis exitus; aut ego veri   630
Vana feror : quod ut o potius formidine falsa
Ludar, et in melius tua, qui potes, orsa reflectas! »
    Hæc ubi dicta dedit, cœlo se protinus alto
Misit, agens hiemem, nimbo succincta, per auras,
Iliacamque aciem et Laurentia castra petivit.   635
Tum dea nube cava tenuem sine viribus umbram
In faciem Æneæ, visu mirabile monstrum!
Dardaniis ornat telis, clypeumque jubasque
Divini assimulat capitis; dat inania verba,
Dat sine mente sonum, gressusque effingit euntis :   640
Morte obita quales fama est volitare figuras,
Aut quæ sopitos deludunt somnia sensus.
At primas læta ante acies exsultat imago,
Irritatque virum telis, et voce lacessit.
Instat cui Turnus, stridentemque eminus hastam   645

sœur me l'accordait, et que la vie du moins fût assurée à Turnus!
mais en ce moment même, ou je m'abuse, ou un sort funeste l'attend,
malgré son innocence. O que ne suis-je le jouet de fausses alarmes!
et vous, puisque vous le pouvez, que n'adoucissez-vous la rigueur
de vos décrets! »
    En achevant ces mots, elle s'élance tout à coup des hauteurs du
ciel, s'enveloppe d'un nuage, et, chassant devant elle la tempête,
elle traverse les airs. Elle vole vers l'armée Troyenne et les camps
laurentins. Alors la déesse forme d'une nuée transparente une légère
et impalpable image d'Énée. Le fantôme, ô prodige! est revêtu
d'armes phrygiennes. C'est le bouclier d'Énée, c'est l'ondoyante
aigrette flottant sur sa tête divine; elle donne à ce simulacre et la
voix, et la parole, mais vaine et sans idées, et la démarche du héros.
Telles voltigent, dit-on, les ombres autour des tombeaux, ou tels
les songes se jouent de nos sens assoupis. Cependant aux premiers
rangs de l'armée le fantôme s'avance d'un air triomphant, irrite
Turnus en lui lançant des traits, et le provoque de la voix. Turnus
marche à lui et lui darde de loin un javelot qui fend l'air en sif-

quod gravaris voce,	ce que tu as-peine *d'accorder* par *ta* voix,
atque hæc vita	et *que* cette vie
maneret rata Turno!	demeurât ratifiée (assurée) à Turnus!
Nunc exitus gravis	Maintenant une fin terrible
manet insontem;	attend *lui* innocent;
aut ego feror	ou je me porte (je suis)
vana veri:	vaine (sans connaissance) de la vérité:
quod, o ut potius ludar	en cela, oh! que plutôt je sois jouée
falsa formidine,	par une fausse crainte,
et, qui potes,	et, *toi* qui *le* peux,
reflectas	que tu replies (ramènes)
in melius	à un meilleur *parti*
tua orsa! »	tes paroles (volontés exprimées)! »
Ubi dedit hæc dicta,	Dès qu'elle eut donné (dit) ces paroles,
protinus se misit	aussitôt elle s'envoya (s'élança)
alto cœlo,	du haut du ciel,
agens hiemem per auras,	poussant la tempête à travers les airs,
succincta nimbo,	ceinte (enveloppée) d'un nuage,
petivitque aciem Iliacam	et elle gagna l'armée d'-Ilion
et castra Laurentia.	et le camp Laurentin.
Tum dea nube cava,	Alors la déesse avec un nuage creux,
monstrum mirabile visu!	prodige étonnant à être vu!
ornat telis Dardaniis	orne des armes Dardaniennes
umbram tenuem	une ombre mince
sine viribus	*et* sans forces
in faciem Æneæ,	*formée* en l'apparence d'Enée,
assimulatque clipeum,	et elle feint (imite) le bouclier,
jubasque capitis divini;	et les aigrettes de la tête divine *du Troyen*;
dat	elle donne *à l'ombre*
verba inania,	des paroles sans-réalité,
dat sonum	elle *lui* donne du son (une voix)
sine mente,	sans pensée,
effingitque gressus	et elle reproduit le pas
euntis:	d'*Enée* marchant:
qualis fama est	*ombre telle* que la renommée est (raconte)
figuras volitare	des figures voltiger
morte obita,	la mort étant subie (après la mort),
aut somnia	ou *telle que* les songes
quæ deludunt	qui jouent
sensus sopitos.	*nos* sens assoupis.
At imago læta	Mais l'image joyeuse (vive)
exsultat ante primas acies,	bondit devant les premiers rangs,
irritatque virum telis,	et irrite le guerrier par *ses* traits,
et lacessit voce.	et *le* provoque par *sa* voix.
Turnus instat cui,	Turnus presse elle,
conjicitque eminus	et *lui* lance de loin
hastam stridentem;	une javeline sifflante;

Conjicit ; illa dato vertit vestigia tergo.
Tum vero, Ænean aversum ut cedere Turnus
Credidit, atque animo spem turbidus hausit inanem :
« Quo fugis, Ænea? thalamos ne desere pactos :
Hac dabitur dextra tellus quæsita per undas. »   650
Talia vociferans sequitur, strictumque coruscat
Mucronem, nec ferre videt sua gaudia ventos.
Forte ratis celsi conjuncta crepidine saxi
Expositis stabat scalis et ponte paralo ;
Qua rex Clusinis advectus Osinius oris.   655
Huc sese trepida Æneæ fugientis imago
Conjicit in latebras ; nec Turnus segnior instat,
Exsuperatque moras, et pontes transilit altos.
Vix proram attigerat ; rumpit Saturnia funem,
Avulsamque rapit revoluta per æquora navem.   660
    Illum autem Æneas absentem in prælia poscit ;
Obvia multa virum demittit corpora morti.

flant : le fantôme tourne le dos et prend la fuite. Alors Turnus
croit qu'Énée recule et fuit devant lui, et déjà, dans le trouble et
l'illusion de son cœur, il se repait d'une vaine espérance. « Où
fuis-tu, Énée? N'abandonne pas l'hymen qui t'est promis! Cette
main va te donner la terre que tu as cherchée à travers les flôts. »
En parlant ainsi, il poursuit le fantôme, fait briller son épée étincelante, et ne voit pas que les vents emportent le sujet de sa joie. Près
de là, attaché aux pointes d'un roc, se trouvait avec ses échelles
dressées et son pont abattu, le vaisseau qui avait conduit sur ces
bords Osinius, roi de Clusium. L'image tremblante d'Énée fugitif
vient se réfugier dans les profondeurs du navire. Turnus, toujours
ardent à le poursuivre, franchit les barrières, escalade les hauts
bords. A peine a-t-il atteint la proue, la fille de Saturne coupe le
câble, et l'onde en refluant emporte la nef loin du rivage.

    Cependant Énée appelle en vain au combat son rival absent, et
précipite dans les enfers tout ce qui s'offre à ses coups. Alors l'ombre

illa vertit vestigia | elle (l'image) tourne ses pas (fuit)
tergo dato. | le dos étant présenté.
Tum vero , ut Turnus | Mais alors, dès que Turnus
credidit Ænean aversum | crut Enée s'étant détourné de lui
cedere, | se retirer (s'enfuir),
atque turbidus | et que tout-ému
hausit animo | il conçut dans son cœur
spem inanem : | une espérance vaine :
« Quo fugis, Ænea ? | « Où fuis-tu, Enée?
ne desere thalamos | n'abandonne pas le lit (l'hymen)
pactos : | convenu :
tellus quæsita | la terre cherchée par toi
per undas | à travers les ondes
dabitur | te sera donnée
hac dextra. » | par cette droite (par mon bras). »
Sequitur | Il le poursuit
vociferans talia, | en criant de telles paroles,
coruscatque mucronem | et il brandit son épée
strictum, | serrée (tirée),
nec videt | et il ne voit pas
ventos ferre sua gaudia. | les vents emporter sa joie.
Forte ratis | Par hasard un vaisseau
conjuncta crepidine | attaché à la saillie
saxi celsi | d'un rocher élevé
stabat | se tenait (se trouvait là)
scalis expositis | les échelles étant mises-dehors
et ponte parato ; | et le pont étant préparé;
qua rex Osinius | sur lequel vaisseau le roi Osinius
advectus oris Clusinis. | avait été apporté des bords de-Clusium.
Imago trepida | L'image tremblante
Æneæ fugientis | d'Enée fuyant
sese conjicit huc | se jette là
in latebras ; | dans des cachettes ;
nec Turnus segnior | et Turnus non plus lent (aussi prompt
instat, | la presse,   [qu'elle)
exsuperatque moras, | et franchit les retards (obstacles),
et transilit | et saute-par-dessus
pontes altos. | les ponts élevés.
Vix attigerat proram ; | A peine il avait touché la proue ;
Saturnia rumpit funem , | la fille-de-Saturne rompt le câble ,
rapitque navem avulsam | et entraîne le navire détaché
per æquora | à travers les plaines liquides (les flots)
revoluta. | ramenés-en-arrière loin du rivage.
    Æneas autem | Mais Enée
poscit illum absentem | réclame (cherche) lui (Turnus) absent
in prælia; | pour le combat ;
demittit morti | il envoie à la mort

Tum levis haud ultra latebras jam quærit imago,
Sed sublime volans nubi se immiscuit atræ ;
Quum Turnum medio interea fert æquore turbo.   665
Respicit ignarus rerum ingratusque salutis,
Et duplices cum voce manus ad sidera tendit :
« Omnipotens genitor, tanton' me crimine dignum
Duxisti, et tales voluisti expendere pœnas ?
Quo feror ? unde abii ? quæ me fuga, quemve reducet ?   670
Laurentesne iterum muros aut castra videbo ?
Quid manus illa virum, qui me meaque arma secuti,
Quosque, nefas ! omnes infanda in morte reliqui ?
Et nunc palantes video, gemitumque cadentum
Accipio. Quid ago ? aut quæ jam satis ima dehiscat   675
Terra mihi ? Vos o potius miserescite, venti !
In rupes, in saxa, volens vos Turnus adoro,
Ferte ratem, sævisque vadis immittite Syrtis,

légère du héros ne cherche plus à se cacher; mais, prenant son essor, elle s'élève dans les airs et va se perdre dans la nue ténébreuse, tandis que Turnus est emporté par les vents vers la haute mer. Le Rutule regarde en arrière, ignorant la cause de ce prodige, maudissant le bienfait qui le sauve; et, levant les mains vers le ciel, il s'écrie : « Père tout-puissant, de quel crime m'avez-vous donc jugé coupable, puisque vous m'infligez un tel châtiment? Où vais-je? d'où viens-je? Quelle fuite ! et comment reparaître ? Reverrai-je encore les murs de Laurente? reverrai-je mon camp ? Que vont dire ces guerriers qui se sont armés pour moi, qui m'ont suivi et que j'ai abandonnés, ô crime! à un mort cruelle? Déjà je les vois fuir en déroute, j'entends les gémissements des mourants. Que faire? La terre pour m'engloutir s'ouvrira-t-elle assez profonde? Mais plutôt, ô vents, prenez pitié de moi! poussez, Turnus lui-même vous en conjure, poussez mon navire contre les rochers, contre les écueils;

multa corpora virum	beaucoup de corps de guerriers
obvia.	*qui se trouvent* à-*sa*-rencontre.
Tum imago levis	Alors l'image légère
haud quærit jam ultra	ne cherche déjà plus
latebras,	de cachettes,
sed volans sublime	mais s'envolant en haut
se immiscuit nubi atræ ;	elle se mêla à un nuage noir ;
quum interea	tandis que cependant
turbo	le tourbillon (le vent)
fert Turnum	emporte Turnus
medio æquore.	sur le milieu de la plaine *liquide*.
Respicit	*Turnus* regarde
ignarus rerum	ignorant des événements
ingratusque salutis,	et mécontent de *son* salut,
et tendit duplices manus	et il tend *ses* deux mains
ad sidera	vers les astres
cum voce :	avec *sa* voix :
« Omnipotens genitor,	« Tout-puissant père *des dieux*,
duxistine me	as-tu jugé moi
dignum tanto crimine ?	digne d'un si grand crime ?
Quo feror ?	Où suis-je emporté ?
unde abii ?	d'où suis-je parti ?
quæ fuga reducet me,	quelle fuite ramènera moi *au camp*,
quemve ?	ou (et) quel (avec quelle réputation)?
Videbone iterum	Verrai-je de nouveau (reverrai-je)
muros Laurentes	les murs de-Laurente
aut castra ?	ou (et) le camp ?
Quid illa manus virum,	Que *dira* cette troupe de guerriers,
qui secuti me	qui ont suivi moi
meaque arma,	et mes armes,
quosque reliqui omnes,	et que j'ai abandonnés tous,
nefas !	ô honte !
in morte infanda ?	dans (à) une mort cruelle ?
Et nunc	Et maintenant
video palantes,	je *les* vois fuyant-en-désordre,
accipioque gemitum	et je reçois (j'entends) le gémissement
cadentum.	d'*eux* qui tombent.
Quid ago ?	Que fais-je (que ferai-je) ?
aut quæ terra satis ima	ou quelle terre assez profonde
dehiscat jam mihi ?	pourrait s'entr'ouvrir déjà pour moi ?
Vos potius, o venti,	Vous plutôt, ô vents,
miserescite !	ayez-pitié *de moi !*
Turnus volens	*moi* Turnus *le* voulant
vos adoro,	je vous *en* prie,
ferte ratem in rupes,	emportez le vaisseau contre les roches,
in saxa,	contre les rochers,
immittiteque vadis sævis	et lancez-*le*-contre les écueils funestes

4.

Quo neque me Rutuli, nec conscia fama sequatur. »

Hæc memorans, animo nunc huc, nunc fluctuat illuc;   680

An sese mucrone ob tantum dedecus amens

Induat, et crudum per costas exigat ensem;

Fluctibus an jaciat mediis, et littora nando

Curva petat, Teucrumque iterum se reddat in arma.

Ter conatus utramque viam; ter maxima Juno   685

Continuit, juvenemque animi miserata repressit.

Labitur alta secans fluctuque æstuque secundo,

Et patris antiquam Dauni defertur ad urbem.

   At Jovis interea monitis Mezentius ardens

Succedit pugnæ, Teucrosque invadit ovantes.   690

Concurrunt Tyrrhenæ acies, atque omnibus uni,

Uni odiisque viro telisque frequentibus instant.

Ille, velut rupes vastum quæ prodit in æquor,

Obvia ventorum furiis, expostaque ponto,

jetez-le au milieu des syrtes les plus affreuses, là où ne puissent me
suivre ni les Rutules, ni le bruit de mon déshonneur. » Tandis qu'il
parle ainsi, Turnus flotte entre mille pensées contraires. Doit-il,
pour effacer la honte qui fait son désespoir, se percer de la pointe
de son épée, enfoncer le fer à nu dans ses flancs? Doit-il se précipi-
ter dans les flots, gagner le bord à la nage et se rejeter de nouveau
au milieu de l'armée troyenne? Trois fois il tente l'une et l'autre
extrémité; trois fois l'auguste Junon le retient, et la pitié de la
déesse réprime le délire du jeune guerrier. Il vogue, il fend les mers,
secondé par les vents et les ondes, et vient aborder enfin dans l'antique cité de Daunus, son père.

   Cependant, par l'ordre de Jupiter, le bouillant Mézence prend
la place de Turnus et fond sur les Troyens déjà triomphants. Les
phalanges tyrrhéniennes accourent; toutes ensemble ne forment
qu'une masse et déchargent à l'envi sur lui seul leur haine, sur lui
seul leurs traits. Mézence résiste à tous les assauts : tel un rocher
qui domine la vaste mer, et qui, présentant ses flancs aux fureurs des

Syrtis,	de la Syrte,
quo neque Rutuli	où ni les Rutules .
nec fama	ni la renommée
conscia	ayant-connaissance *de ce que j'ai fait*
sequatur me. »	ne puisse suivre moi. »
Memorans hæc,	En disant ces *mots*,
fluctuat animo	il flotte dans *son* esprit
nunc huc, nunc illuc ;	tantôt de ce côté-ci, tantôt de celui-là ;
an amens	*se demandant* si éperdu
ob tantum dedecus	à cause d'un si grand déshonneur
sese induat mucrone,	il se revêtira (percera) de *son* glaive,
et exigat per costas	et fera-passer à travers *ses* côtes
ensem crudum ;	*son* épée cruelle ;
an jaciat mediis fluctibus,	ou s'il *se* jettera au milieu des flots,
et petat nando	et gagnera en nageant
littora curva,	les rivages courbes,
seque reddat iterum	et se rendra (jettera) de nouveau
in arma Teucrum.	contre les armes des Troyens.
Ter conatus	Trois-fois il s'efforça
utramque viam ;	*de suivre* l'une-et-l'autre route :
ter maxima Juno	trois-fois la très-grande Junon
continuit,	*le* retint,
miserataque animi	et ayant-pitié de *son* esprit *en délire*
repressit juvenem.	arrêta le jeune-homme.
Labitur secans alta	Il vogue fendant les hautes *eaux*
fluctuque	et avec un flot
æstuque secundo,	et avec un flux favorable,
et defertur	et est apporté
ad urbem antiquam	à la ville antique
Dauni patris.	de Daunus *son* père.
At interea	Mais cependant
monitis Jovis	d'après les avertissements de Jupiter
Mezentius ardens	Mézence ardent
succedit pugnæ,	se présente au combat,
invaditque Teucros	et attaque les Troyens
ovantes.	triomphants.
Acies Tyrrhenæ	Les bataillons Tyrrhéniens
concurrunt,	accourent-tous-ensemble,
atque instant	et pressent
uni, uni viro	un-seul, un-seul guerrier
omnibusque odiis	et de toutes *leurs* haines
telisque frequentibus.	et de traits fréquents (lancés sans cesse).
Ille, velut rupes	Lui, comme une roche
quæ prodit	qui s'avance
in vastum æquor,	dans la vaste plaine *liquide*,
obvia furiis ventorum,	exposée aux fureurs des vents,
expostaque ponto,	et en-butte à la mer (aux flots),

Vim cunctam atque minas perfert cœlique marisque,   695
Ipsa immota manens; prolem Dolichaonis, Hebrum
Sternit humi, cum quo Latagum, Palmumque fugacem :
Sed Latagum saxo, atque ingenti fragmine montis
Occupat os faciemque adversam ; poplite Palmum
Succiso volvi segnem sinit, armaque Lauso   700
Donat habere humeris, et vertice figere cristas.
Nec non Evanthen Phrygium, Paridisque Mimanta
Æqualem comitemque, una quem nocte Theano
In lucem genitori Amyco dedit, et face prægnans
Cisseis regina Parin : Paris urbe paterna   705
Occubat, ignarum Laurens habet ora Mimanta.
Ac velut ille canum morsu de montibus altis
Actus aper, multos Vesulus¹ quem pinifer annos
Defendit, multosque palus Laurentia silva
Pavit arundinea, postquam inter retia ventum est,   710
Substitit, infremuitque ferox, et inhorruit armos,

vents et des flots, supporte, immobile et inébranlable, toutes les
menaces du ciel et des ondes. Le guerrier renverse à ses pieds Hé-
brus, fils de Dolichaon, et Latagus, et Palmus qui fuyait. D'une
pierre pesante, énorme éclat d'une montagne, il frappe Latagus au
visage; il coupe le jarret au lâche Palmus, qu'il laisse se rouler à
terre, et donne à Lausus l'armure du vaincu pour en couvrir ses
épaules, et l'aigrette de son casque pour en parer sa tête. Il immole ensuite le Phrygien Évas, Mimas, compagnon de Pâris et de
même âge que lui ; Mimas, fils d'Amycus, et que la belle Théano
mit au monde la nuit même que la reine, fille de Cissée, croyant
porter dans son sein une torche enflammée, donna la naissance à
Pâris. Pâris est couché sous les murs de ses pères: Mimas dort
ignoré dans les champs de Laurente. Tel un sanglier farouche
qu'abritèrent longtemps les pins ténébreux du Vésule, que nourri-
rent longtemps dans leurs forêts de roseaux les marais laurentins,
se précipitant des hautes montagnes, poursuivi par la dent acharnée
d'une meute, s'arrête tout à coup dès qu'il se sent embarrassé dans
les filets; il frémit de rage, hérisse ses crins sur ses flancs : pas un

perfert	supporte-jusqu'au-bout
cunctam vim atque minas	toute la violence et les menaces
cœlique marisque,	et du ciel et de la mer,
manens ipsa immota;	restant elle-même inébranlée;
sternit humi Hebrum,	il abat à terre Hébrus,
prolem Dolichaonis,	race (fils) de Dolichaon,
cum quo Latagum,	avec lequel *il abat aussi* Latagus,
Palmumque fugacem :	et Palmus en-fuite :
sed Latagum saxo,	mais *il abat* Latagus avec une pierre,
atque occupat	et atteint
ingenti fragmine montis	d'un grand fragment de montagne
os faciemque	*son* visage et *sa* face
adversam ;	vis-à-vis *de lui* ;
sinit segnem Palmum	il laisse le lâche Palmus
volvi poplite succiso,	se rouler avec *son* jarret coupé,
donatque arma Lauso	et donne *ses* armes à Lausus
habere humeris,	pour *les* avoir (porter) sur *ses* épaules,
et cristas	et *ses* aigrettes
figere vertice.	pour *les* planter sur la cime *de son casque*.
Nec non	Et *il tue* aussi
Evanthen Phrygium,	Evas le Phrygien,
Mimantaque	et Mimas
æqualem	égal-en-âge *à Pâris*
comitemque Paridis,	et compagnon de Pâris,
quem una nocte	*Mimas* que dans une-même nuit
Theano dedit in lucem	Théano donna (mit) au jour
genitori Amyco,	à *son* père Amycus,
et regina Cisseis	et la reine fille-de-Cissée
prægnans face	enceinte d'une torche
Parin :	*enfanta* Pâris *la même nuit* :
Paris occubat	Pâris est-couché
urbe paterna,	dans la ville paternelle,
ora Laurens	le bord (la terre) de-Laurente
habet Mimanta ignarum.	possède Mimas ignoré.
Ac velut ille aper	Et comme ce sanglier
actus morsu canum	poussé par la morsure des chiens
de montibus altis,	du haut des montagnes élevées,
quem Vesulus pinifer	que le Vésule qui-porte-des-pins
defendit multos annos,	a défendu de nombreuses années,
palusque Laurentia	et *que* le marais de-Laurente
pavit multos	a nourri de nombreuses *années*
silva arundinea,	de la forêt de-roseaux,
postquam ventum est	après qu'on est venu (qu'il est tombé)
inter retia,	au milieu des rets,
substitit,	s'est arrêté,
infremuitque ferox,	et a frémi en-courroux,
et inhorruit	et s'est hérissé

Nec cuiquam irasci propiusve accedere virtus,
Sed jaculis tutisque procul clamoribus instant :
Ille autem impavidus partes cunctatur in omnes,
Dentibus infrendens, et tergo decutit hastas :   745
Haud aliter, justæ quibus est Mezentius iræ,
Non ulli est animus stricto concurrere ferro ;
Missilibus longe et vasto clamore lacessunt.

    Venerat antiquis Corythi [1] de finibus Acron,
Graius homo, infectos linquens profugus hymenæos ;   720
Hunc ubi miscentem longe media agmina vidit,
Purpureum pennis et pactæ conjugis ostro ;
Impastus stabula alta leo ceu sæpe peragrans,
Suadet enim vesana fames, si forte fugacem
Conspexit capream, aut surgentem in cornua cervum,   725
Gaudet hians immane, comasque arrexit, et hæret
Visceribus super incumbens ; lavit improba teter
Ora cruor :

des chasseurs n'a le courage ni de l'attaquer, ni d'avancer ; mais de loin, à l'abri du danger, leurs dards, leurs cris le harcèlent : lui, intrépide, présente le front de tous côtés, et, grinçant des dents, secoue les traits qui viennent mourir sur sa croupe. Ainsi, de ces guerriers qu'arma contre Mézence un juste ressentiment, aucun n'a le courage de fondre sur lui l'épée à la main : c'est de loin qu'ils le fatiguent de leurs traits, de leurs longues clameurs.

    Venu des confins de l'antique Corythe, Acron, Grec d'origine, s'était furtivement échappé de sa patrie, où il avait laissé son hymen inachevé. Paré d'une robe de pourpre et d'une brillante aigrette, présents de sa fiancée, il portait la mort et l'épouvante au milieu des bataillons latins. Mézence le voit. Comme un lion à jeun, et que la cruelle faim dévore, après avoir longtemps rôdé autour des hautes clôtures des bergeries, si par hasard il aperçoit une biche fugitive, ou bien un cerf se redressant sous sa ramure, il tressaille de joie, ouvre une gueule immense, hérisse sa crinière, et, se précipitant sur sa proie, s'attache à ses entrailles qu'il déchire : un sang noir ruisselle de ses mâchoires terribles. Tel l'impétueux Mézence

armos,	quant à *ses* épaules (ses flancs),
nec virtus cuiquam	et le courage n'*est* à personne
irasci	de s'irriter (d'attaquer)
accedereve propius,	ou d'avancer plus près,
sed instant procul jaculis	mais ils *le* pressent de loin de traits
clamoribusque tutis :	et de cris sûrs (sans danger) :
ille autem impavidus	mais lui sans-épouvante
cunctatur	hésite (se tourne successivement)
in omnes partes ,	de tous les côtés,
infrendens dentibus,	grinçant des dents,
et decutit hastas tergo :	et secoue les traits de *son* dos :
haud aliter,	non autrement,
quibus Mezentius	*de ceux* à qui Mézence
est justæ iræ,	est à juste colère (justement haï),
animus non est ulli	le courage n'est à aucun
concurrere	de se-rencontrer-avec *lui*
ferro stricto ;	avec le fer tiré (le fer à la main) ;
lacessunt longe	ils *le* harcèlent de loin
missilibus	avec des traits
et vasto clamore.	et avec de vastes cris.
Acron, homo Graius,	Acron, homme Grec,
venerat de finibus antiquis	était venu des confins antiques
Corythi ,	de Corythe,
linquens profugus	abandonnant *en* s'exilant
hymenæos infectos :	*son* hymen non-conclu :
ubi vidit hunc	dès que *Mézence* vit celui-ci
miscentem longe	mettant-en-désordre au loin
media agmina ,	le milieu des bataillons *Latins*,
purpureum	couleur-de-pourpre
pennis	par *ses* plumes (son aigrette)
et ostro	et par la pourpre
conjugis pactæ ;	de *son* épouse promise (sa fiancée);
ceu sæpe leo impastus	comme souvent un lion non-repu
peragrans	parcourant
stabula alta,	les étables hautes *par leurs clôtures*,
fames enim vesana suadet,	car une faim furieuse *le lui* conseille,
si forte conspexit	si par hasard il a aperçu
capream fugacem ,	une biche fugitive,
aut cervum	ou un cerf
surgentem in cornua,	qui se dresse par *ses* cornes,
gaudet	se réjouit
hians immane,	ouvrant-la-gueule d'une-manière-énorme,
arrexitque comas,	et a dressé *sa* crinière,
et hæret visceribus	et s'attache aux entrailles
incumbens super ;	couché par-dessus;
cruor teter lavit	un sang noir a baigné
ora improba :	*sa* gueule cruelle :

Sic ruit in densos alacer Mezentius hostes.

Sternitur infelix Acron, et calcibus atram   730

Tundit humum exspirans, infractaque tela cruentat.

Atque idem fugientem haud est dignatus Oroden

Sternere, nec jacta cæcum dare cuspide vulnus;

Obvius adversoque occurrit, seque viro vir

Contulit, haud furto melior, sed fortibus armis.   735

Tum super abjectum posito pede, nixus et hasta :

« Pars belli haud temnenda, viri, jacet altus Orodes. »

Conclamant socii lætum pæana ¹ secuti.

Ille autem exspirans : « Non me, quicumque es, inulto,

Victor nec longum lætabere ; te quoque fata   740

Prospectant paria, atque eadem mox arva tenebis. »

Ad quem subridens mixta Mezentius ira :

« Nunc morere : ast de me divum pater atque hominum rex

Viderit. » Hoc dicens, eduxit corpore telum.

s'élance au milieu des bataillons serrés de l'ennemi. Le malheureux
Acron est terrassé ; de ses pieds, en mourant, il bat la terre, et
rougit de son sang ses armes fracassées. Mézence dédaigne de frapper Orode qui fuyait ; il ne veut pas, en lui lançant son dard, le
percer d'un coup imprévu. Il court à lui, l'approche, et, le pressant
corps à corps, le terrasse et triomphe, non par la ruse, mais par la
force. Alors, appuyant le pied et la lance sur le guerrier abattu :
« Amis, dit-il, le voilà couché dans la poudre, ce grand Orode,
qui n'était pas un médiocre soutien de la guerre. » Ses compagnons lui répondent par de grands cris et de joyeux chants de
triomphe. Mais Orode en mourant : « Qui que tu sois, ma mort sera
vengée, et tu ne te réjouiras pas longtemps de ta victoire. Un destin
pareil t'attend, et bientôt tu seras étendu dans ces mêmes plaines. »
Mézence lui répond avec un sourire où éclate la colère : « En atten-
dant, meurs, et que le père des dieux et des hommes décide à son
gré de mon sort. » Il dit, et retire du corps d'Orode la lance meur-

sic Mezentius alacer	ainsi Mézence impétueux
ruit in hostes densos.	se précipite au milieu des ennemis serrés.
Infelix Acron sternitur,	Le malheureux Acron est abattu,
et exspirans	et expirant
tundit calcibus	il frappe de *ses* talons
humum atram,	la terre noire,
cruentatque tela infracta.	et ensanglante *ses* armes brisées.
Atque idem	Et le même (Mézence)
haud dignatus est	ne trouva-pas-digne
sternere Oroden fugientem,	d'abattre Orode qui fuyait,
nec dare	ni de *lui* donner (faire)
vulnus cæcum	une blessure aveugle (par derrièr·)
cuspide jacta;	d'un javelot lancé;
occurrit	il court-au-devant *de lui*
obvius	*se présentant* à-la-rencontre
adversoque,	à (de) *lui* aussi en-face,
virque se contulit viro,	et le guerrier s'attaqua au guerrier,
haud melior furto,	n'*étant* pas meilleur par la ruse,
sed armis fortibus.	mais par *ses* armes vaillantes.
Tum pede posito	Alors *son* pied étant posé
super abjectum,	sur *Orode* renversé,
et nixus hasta:	et s'appuyant sur *sa* pique :
« Viri, altus Orodes,	« Guerriers, le grand Orode,
pars haud temnenda	partie (soutien) non à-dédaigner
belli,	de la guerre,
jacet. »	est-gisant. »
Socii secuti	*Ses* compagnons suivant (ensuite, alors)
conclamant lætum pæana.	crient (chantent) un joyeux péan.
Ille autem exspirans :	Mais lui (Orode) expirant :
« Quicumque es,	« Qui que tu sois,
non lætabere me inulto,	tu ne te réjouiras pas de moi non-vengé,
nec longum	et *tu ne te réjouiras* pas longtemps
victor;	*d'être* vainqueur;
fata paria	des destins semblables
prospectant te quoque,	regardent (attendent) toi aussi,
atque tenebis mox	et tu occuperas bientôt *en tombant*
eadem arva. »	les mêmes campagnes. »
Ad quem	Auquel (à lui)
Mezentius subridens	Mézence *dit* en souriant [lère) :
ira mixta :	avec une colère mêlée (un mélange de co-
« Morere nunc :	« Meurs maintenant :
ast pater divum	mais le père des dieux
atque rex hominum	et le roi des hommes
viderit de me. »	verra (décidera) de moi. »
Dicens hoc,	En disant cela,
eduxit telum corpore.	il retira le trait du corps.
Dura quies	Un dur repos

Olli dura quies oculos et ferreus urget   745
Somnus ; in æternam clauduntur lumina noctem.

   Cædicus Alcathoum obtruncat, Sacrator Hydaspen ;
Partheniumque Rapo , et prædurum viribus Orsen ;
Messapus Cloniumque, Lycaoniumque Ericeten :
Illum infrenis equi lapsu tellure jacentem ,   750
Hunc peditem pedes : et Lycius processerat Agis ,
Quem tamen haud expers Valerus virtutis avitæ
Dejicit; at Thronium Salius, Saliumque Nealces,
Insignis jaculo et longe fallente sagitta.

   Jam gravis æquabat luctus et mutua Mavors   755
Funera; cædebant pariter pariterque ruebant
Victores victique; neque his fuga nota, neque illis.
Di Jovis in tectis iram miserantur inanem
Amborum, et tantos mortalibus esse labores :
Hinc Venus, hinc contra spectat Saturnia Juno ;   760
Pallida Tisiphone media inter millia sævit.

   At vero ingentem quatiens Mezentius hastam
Turbidus ingreditur campo; quam magnus Orion ,

---

trière. Un dur repos, un sommeil de fer appesantissent ses paupières;
ses yeux se couvrent d'une nuit éternelle.

   Cependant Cédicus abat la tête d'Alcathoüs ; Sacrator immole
Hydaspe; Rapon moissonne Parthénius et le robuste Orsès; Messape terrasse tour à tour et Clonius et le brave Éricète, fils de
Lycaon : celui-ci est renversé par la chute de son coursier sans frein;
l'autre, à pied, combattait son rival à pied. Agis le Lycien s'était
porté en avant : Valérus, qui n'a pas dégénéré de la vertu de ses
ancêtres, le jette mort sur la poussière; Thronius tombe sous les
coups de Salius , et Salius sous ceux de Néalque, habile à lancer le
javelot et la flèche qui porte au loin un trépas inattendu.

   Jusqu'alors Mars avait semé également des deux côtés le deuil et
les funérailles. Tour à tour vainqueurs et vaincus donnaient et re-
cevaient la mort; mais ni les uns ni les autres ne songeaient à fuir.
Les dieux, dans le palais de Jupiter, déploraient ces vaines fureurs,
et le sort des mortels condamnés à de si grands maux. D'un côté
Vénus, de l'autre la fille de Saturne contemplent le combat, et la
pâle Tisiphone , au milieu des bataillons , échauffe et presse le carnage.

   Cependant Mézence, brandissant une énorme javeline, s'avance
terrible dans la plaine. Pareil au géant Orion , lorsque traversant

et somnus ferreus	et un sommeil de-fer
urget oculos olli ;	presse les yeux à lui ;
lumina clauduntur	*ses* yeux sont fermés
in noctem æternam.	pour une nuit éternelle.
Cædicus	Cédicus
obtruncat Alcathoum ,	tue Alcathoüs ,
Sacrator Hydaspen ;	Sacrator *tue* Hydaspe ;
Rapoque Parthenium ,	et Rapon *tue* Parthénius ,
et Orsen	et Orsès
prædurum viribus ;	très-dur (très-robuste) par *ses* forces ;
Messapus Cloniumque ,	Messape *tue* et Clonius ,
Ericetenque Lycaonium :	et Ericète le Lycaonien :
illum jacentem tellure	*il tue* celui-là gisant à terre
lapsu equi infrenis ,	par la chute de *son* cheval sans-frein ,
hunc peditem	*il tue* celui-ci à-pied
pedes :	*étant lui-même* à-pied :
et Agis Lycius processerat ,	Agis le Lycien s'était avancé aussi ,
quem tamen Valerus	*Agis* que cependant Valérus
haud expers virtutis avitæ	non dépourvu de la valeur de-*ses*-aïeux
dejicit ;	abat ;
at Salius Thronium ,	mais Salius *tue* Thronius ,
Nealcesque Salium ,	et Néalque *tue* Salius , [lot
insignis jaculo	*Néalque* remarquable (habile) par le jave-
et sagitta fallente longe.	et par la flèche qui trompe de loin.
Jam gravis Mavors	Déjà le terrible Mars
æquabat luctus	égalait le deuil
et funera mutua ;	et des funérailles réciproques ;
victores victique	les vainqueurs et les vaincus
cædebant pariter	tuaient pareillement
ruebantque pariter ;	et tombaient pareillement ;
fuga nota	la fuite n'*est* connue
neque his , neque illis.	ni de ceux-ci , ni de ceux-là.
In tectis Jovis	Dans le palais de Jupiter
di miserantur	les dieux prennent-en-pitié
iram inanem amborum ,	la colère vaine des deux *partis.*
et tantos labores	et *voient avec pitié* de si grands travaux
esse mortalibus :	être aux mortels :
hinc Venus spectat ,	d'ici (d'un côté) Vénus regarde ,
hinc contra	de là en face (du côté opposé)
Juno Saturnia ;	Junon fille-de-Saturne *regarde ;*
pallida Tisiphone sævit	la pâle Tisiphone sévit
inter media millia.	au milieu des milliers *de guerriers.*
At vero Mezentius	Mais voici que Mézence
quatiens ingentem hastam	secouant une grande javeline
turbidus ingreditur campo ;	furieux entre dans la plaine ;
quam magnus Orion ,	*aussi grand* que le grand Orion ,
quum incedit pedes	quand il s'avance à-pied

Quum pedes incedit medii per maxima Nerei
Stagna viam scindens, humero supereminet undas ;   765
Aut, summis referens annosam montibus ornum,
Ingrediturque solo, et caput inter nubila condit :
Talis se vastis infert Mezentius armis.
Huic contra Æneas, speculatus in agmine longo,
Obvius ire parat : manet imperterritus ille,   770
Hostem magnanimum opperiens, et mole sua stat ;
Atque oculis spatium emensus quantum satis hastæ :
« Dextra, mihi deus, et telum quod missile libro,
Nunc adsint ! Voveo prædonis corpore raptis
Indutum spoliis ipsum te, Lause, tropæum   775
Æneæ. » Dixit, stridentemque eminus hastam
Injicit : illa volans clypeo est excussa, proculque
Egregium Antoren latus inter et ilia figit,
Herculis Antoren comitem, qui missus ab Argis
Hæserat Evandro, atque Itala consederat urbe.   780
Sternitur infelix alieno vulnere, cœlumque

les immenses gouffres de Nérée, il s'ouvre une humide route à travers les mers, et domine de ses larges épaules la surface des
ondes ; ou tel que, descendant du haut des monts, appuyé sur
un orme antique, il foule du pied la terre, et cache sa tête dans
les nues ; tel Mézence apparaît sous son armure immense. Énée, qui
le cherchait des yeux dans les longues files de guerriers, se prépare
à marcher contre lui. Mézence, incapable d'effroi, attend son magnanime adversaire et s'arrête comme un roc affermi par sa masse.
Dès qu'il a mesuré des yeux l'espace que peut franchir sa javeline :
« Ce bras, ce dard que je balance, voilà mes dieux ; qu'ils me
secondent. Je fais vœu, ô Lausus, de te revêtir des dépouilles de
ce brigand : tu seras le trophée vivant de ma victoire sur Énée. » Il
dit, lance sa javeline retentissante ; elle vole, et, repoussée par le
bouclier du héros, s'en va percer au loin les flancs du vaillant An-
tor, autrefois compagnon d'Hercule, et qui, sorti d'Argos pour s'at-
tacher à Évandre, s'était fixé dans une ville d'Italie. Le malheureux,
atteint d'un coup qui ne lui était pas destiné, tombe, regarde le

scindens viam	fendant une route (marchant)
per stagna maxima	à travers les étangs très-vastes [mer],
Nerei medii,	de Nérée à-son-milieu (du milieu de la
supereminet undas	dépasse les ondes
humero ;	de *son* épaule ;
aut,	ou *lorsque,*
referens summis montibus	rapportant du sommet des montagnes
ornum annosam,	un orme chargé-d'années,
ingrediturque solo,	et il marche-sur le sol,
et condit caput inter nubila :	et il cache *sa* tête entre les nuages :
talis Mezentius se infert	tel Mézence s'introduit (s'avance)
vastis armis.	avec *ses* énormes armes.
Æneas, speculatus	Enée, qui *l*'avait épié
in longo agmine,	dans la longue file *des ennemis,*
parat	se prépare
ire obvius huic contra :	à aller à-la-rencontre à 1ui en face :
ille manet imperterritus,	lui demeure non-épouvanté,
opperiens	attendant
hostem magnanimum,	*son* ennemi magnanime,
et stat sua mole ;	et se-tient-ferme par sa masse ;
atque emensus oculis	et ayant mesuré des yeux
spatium	de l'espace
quantum satis hastæ :	*autant* que *c'est* assez pour une javeline :
« Dextra,	« Que *ma* droite,
deus mihi,	*qui est* un dieu pour moi,
et telum quod libro	et le trait que je brandis
missile,	prêt-à-être-envoyé,
adsint nunc !	*me* soient-en-aide maintenant !
Voveo	Je promets-par-un-vœu
te ipsum, Lause,	toi-même, Lausus,
tropæum Æneæ,	*en guise de* trophée d'Enée,
indutum spoliis	*devoir être* revêtu des dépouilles
raptis corpore prædonis. »	enlevées du corps du brigand. »
Dixit, injicitque eminus	Il dit, et il lance de loin
hastam stridentem :	une javeline sifflante :
illa volans	celle-ci volant
excussa est clypeo,	fut rejetée par le bouclier,
figitque procul	et perce (va percer) au loin
egregium Antoren	le vaillant Antor
inter latus et ilia,	entre la poitrine et les flancs,
Antoren,	Antor,
comitem Herculis,	compagnon d'Hercule,
qui missus ab Argis	qui envoyé (venu) d'Argos
hæserat Evandro,	s'était attaché à Evandre,
atque consederat urbe Itala.	et s'était établi dans une ville Italienne.
Infelix sternitur	L'infortuné est abattu [autre),
vulnere alieno,	par la blessure d'un autre (destinée à un

Adspicit, et dulces moriens reminiscitur Argos.
Tum pius Æneas hastam jacit : illa per orbem
Ære cavum triplici, per linea terga, tribusque
Transiit intextum tauris opus, imaque sedit　　　　785
Inguine; sed vires haud pertulit. Ocius ensem
Æneas, viso Tyrrheni sanguine lætus,
Eripit a femine, et trepidanti fervidus instat.
Ingemuit cari graviter genitoris amore,
Ut vidit, Lausus, lacrimæque per ora volutæ.　　　　790
Hic mortis duræ casum, tuaque optima facta,
Si qua fidem tanto est operi latura vetustas,
Non equidem, nec te, juvenis memorande, silebo.

　　Ille pedem referens, et inutilis, inque ligatus
Cedebat, clypeoque inimicum hastile trahebat.　　　　795
Prorupit juvenis, seseque immiscuit armis :
Jamque assurgentis dextra plagamque ferentis
Æneæ subiit mucronem, ipsumque morando
Sustinuit: socii magno clamore sequuntur,

ciel et se ressouvient en mourant de sa douce Argos. Énée fait alors
voler sa javeline : le fer traverse le triple airain de l'orbe creux, la
triple toile de lin, le triple cuir de taureau qui le recouvre, et
plonge profondément dans l'aine de Mézence, où la force du coup
s'amortit enfin. Énée, ravi de voir couler le sang tyrrhénien, tire
l'épée du fourreau et presse avec ardeur son ennemi troublé. A la
vue du péril d'un père qu'il aime, Lausus gémit amèrement, et des
larmes roulent sur son visage. Noble jeune homme, je ne passerai
pas sous silence ta mort déplorable, ton dévouement sublime; et
si les siècles à venir peuvent croire à tant de vertu, ta gloire vivra
d'âge en âge, célébrée dans mes vers.

　　Mézence, hors de combat, gêné par sa blessure, cédait et reculait
à pas lents, faible et traînant à son bouclier le dard ennemi. Le
jeune guerrier s'élance et se jette entre les deux rivaux : déjà Énée,
levant le bras, allait porter à Mézence le coup mortel; Lausus se
présente lui-même au glaive et soutient le choc du Troyen. Ses compagnons applaudissent par de grands cris à ce fils qui protége de

adspicitque cœlum ,	et il regarde le ciel ,
et moriens	et en mourant
reminiscitur dulces Argos.	il se souvient de *sa* douce (chère) Argos.
Tum pius Æneas	Alors le pieux Enée
jacit hastam :	lance une javeline :
illa transiit	celle-ci traversa
per orbem	à travers l'orbe *du bouclier*
cavum ære triplici ,	creux par un airain triple ,
per terga linea ,	à travers les peaux (couches) de-toile ,
opusque intextum	et l'ouvrage tissé (formé)
tribus tauris ,	de trois *cuirs de* taureaux ,
seditque ima	et s'arrêta (s'enfonça) très-basse
inguine ;	dans l'aine ;
sed haud pertulit vires.	mais elle ne porta-pas-au-delà *ses* forces.
Ocius Æneas , lætus	Aussitôt Enée , joyeux
sanguine Tyrrheni viso ,	le sang du Tyrrhénien étant vu ,
eripit ensem a femine ,	tire *son* épée de *sa* cuisse (du fourreau) ,
et fervidus	et bouillant
instat trepidanti.	presse *Mézence* qui se trouble.
Lausus , ut vidit ,	Lausus , dès qu'il *le* vit ,
ingemuit graviter	gémit profondément
amore genitoris cari ,	par amour de (pour) *son* père chéri ,
lacrimæque volutæ per ora.	et des larmes roulèrent le long de *ses* joues.
Hic non silebo equidem	Ici je ne tairai assurément pas
casum mortis duræ ,	l'accident de *ta* mort cruelle ,
tuaque facta optima ,	et tes actions très-braves ,
si qua vetustas	si quelque antiquité (si la postérité)
latura est fidem	doit apporter (ajouter) foi [duite),
tanto operi ,	à un si grand ouvrage (une si belle con-
nec te ,	et *je* ne te *tairai* pas non plus ,
juvenis memorande.	jeune-homme digne-d'être-mentionné.
Ille cedebat	Celui-là (Mézence) se retirait
referens pedem ,	rapportant-en-arrière *son* pied ,
et inutilis ,	et inutile *pour le combat* ,
illigatusque ,	et attaché *par la javeline d'Enée* ,
trahebatque clypeo	et traînait avec *son* bouclier
hastile inimicum.	le trait ennemi.
Juvenis	Le jeune-homme (Lausus)
prorupit ,	s'est élancé-en-avant,
seseque immiscuit armis :	et s'est mêlé aux armes :
subiitque mucronem Æneæ	et il s'est-placé-sous l'épée d'Énée
assurgentis jam dextra	qui s'élevait déjà avec *sa* droite
ferentisque plagam ,	et qui portait un coup *à Mézence,*
sustinuitque ipsum	et a soutenu *Enée* lui-même
morando :	en *le* retardant ·
socii	*ses* compagnons
sequuntur magno clamore,	suivent avec un grand cri (s'écrient alors),

Dum genitor nati parma protectus abiret ;   800
Telaque conjiciunt, proturbantque eminus hostem
Missilibus : furit Æneas, tectusque tenet se.
Ac velut, effusa si quando grandine nimbi
Præcipitant, omnis campis diffugit arator,
Omnis et agricola, et tuta latet arce viator,   805
Aut amnis ripis, aut alti fornice saxi,
Dum pluit in terris, ut possint, sole reducto,
Exercere diem : sic, obrutus undique telis,
Æneas nubem belli, dum detonet, omnem
Sustinet, et Lausum increpitat, Lausoque minatur : 810
« Quo, moriture, ruis, majoraque viribus audes?
Fallit te incautum pietas tua. » Nec minus ille
Exsultat demens : sævæ jamque altius iræ
Dardanio surgunt ductori, extremaque Lauso
Parcæ fila legunt : validum namque exigit ensem 815
Per medium Æneas juvenem, totumque recondit ;
Transiit et parmam mucro, levia arma minacis,

son bouclier la retraite d'un père, et font pleuvoir sur Énéc mille traits à la fois : lui, furieux, mais dévorant sa colère, se tient à couvert sous son bouclier. Ainsi quand, déchirant les nuages, la grêle se précipite sur la terre en tourbillons impétueux, les pâtres et les laboureurs fuient dispersés dans les champs ; le voyageur se cache sous un abri protecteur, soit sur la berge d'un fleuve, soit dans la cavité profonde d'une roche. Tandis que la pluie inonde la terre, ils attendent que le soleil reparaisse et leur permette de mettre à profit le reste du jour. Ainsi, de toutes parts assailli de flèches, Énée soutient, tant qu'elle tonne sur sa tête, toute la tempête du combat. Cependant il gourmande et menace Lausus : « Malheureux, pourquoi courir à la mort? mesure mieux ton audace à tes forces. Ton amour pour ton père égare ton imprudence. » Mais l'insensé n'écoute que son ardeur ; la colère s'allume plus terrible dans le cœur du héros troyen, et déjà les Parques filent les derniers moments de Lausus. Énée enfonce sa redoutable épée dans le milieu du corps du jeune guerrier, et l'y plonge tout entière : le fer acéré traverse son léger bouclier, faible armure pour tant d'audace, et la tunique

dum genitor abiret	tandis que le père se retirait
protectus parma nati ;	protégé par le bouclier de *son* fils ;
conjiciuntque tela,	et ils lancent des javelots,
proturbantque eminus	et repoussent de loin
hostem	l'ennemi
missilibus :	avec des traits :
Æneas furit,	Enée est-en-fureur,
tectusque se tenet.	et couvert *par son bouclier* il se tient *ainsi.*
Ac velut, si quando	Et de même que, si quelquefois
nimbi præcipitant	des nuages se précipitent
grandine effusa,	en grêle répandue,
omnis arator	tout laboureur
diffugit campis,	s'est-enfui-çà-et-là des champs,
et omnis agricola,	et *aussi* tout cultivateur,
et viator latet	et le voyageur se-tient-caché
arce tuta,	dans une retraite sûre,
aut ripis amnis,	ou sur les rives du fleuve,
aut fornice saxi alti,	ou sous la voûte d'un rocher élevé,
dum pluit in terris,	tandis qu'il pleut sur la terre,
ut possint,	afin qu'ils puissent,
sole reducto,	le soleil ayant été ramené,
exercere diem :	exercer (mettre à profit) le jour :
sic Æneas,	ainsi Enée,
obrutus telis undique,	accablé de traits de toutes parts,
sustinet omnem nubem	soutient tout *ce* nuage (cette tempête)
belli,	de guerre,
dum detonet,	jusqu'à ce qu'il passe,
ut increpitat Lausum,	et il gourmande Lausus,
minaturque Lauso :	et il menace Lausus :
« Quo ruis,	« Où cours-tu,
moriture,	*ô toi* qui vas mourir,
audesque	et *où* (pourquoi) oses-tu (tentes-tu)
majora viribus ?	des *entreprises* plus grandes que *tes* forces ?
Tua pietas	Ta piété (ta tendresse pour ton père)
fallit te incautum. »	égare toi imprudent. »
Nec ille demens	Et celui-là (Lausus) insensé
exsultat minus :	n'*en* bondit pas moins :
jamque iræ sævæ	et déjà des colères terribles
surgunt altius	s'élèvent plus haut (redoublent)
ductori Dardanio,	chez le chef Dardanien,
Parcæque legunt Lauso	et les Parques pelotonnent (filent) à Lausus
extrema fila :	les derniers fils :
namque Æneas	car Enée
exigit validum ensem	pousse *sa* puissante épée
per medium juvenem,	à travers le milieu *du corps* du jeune-hom-
reconditque totum ;	et *l'y* cache tout-entière ; [me,
mucro transiit et parmam,	la pointe a traversé et le bouclier,

ÉNÉIDE. LIVRE X. 5

Et tunicam, molli mater quam neverat auro ;
Implevitque sinum sanguis : tum vita per auras
Concessit mœsta ad Manes, corpusque reliquit.   820

    At vero ut vultum vidit morientis et ora,
Ora modis Anchisiades pallentia miris,
Ingemuit miserans graviter, dextramque tetendit,
Et mentem patriæ subiit pietatis imago :
« Quid tibi nunc, miserande puer, pro laudibus istis,   825
Quid pius Æneas tanta dabit indole dignum ?
Arma, quibus lætatus, habe tua ; teque parentum
Manibus et cineri, si qua est ea cura, remitto.
Hoc tamen infelix miseram solabere mortem :
Æneæ magni dextra cadis. » Increpat ultro   830
Cunctantes socios, et terra sublevat ipsum
Sanguine turpantem comtos de more capillos.

    Interea genitor Tiberini ad fluminis undam
Vulnera siccabat lymphis, corpusque levabat
Arboris acclinis trunco : procul ærea ramis   835

dont sa mère avait elle-même tissu l'or flexible. Des flots de sang
ont inondé son sein, et son âme, abandonnant son corps, s'envole
tristement chez les Mânes.

En voyant ce guerrier mourir et son visage se couvrir d'une affreuse pâleur, le fils d'Anchise, attendri, pousse un profond soupir,
l'image de la piété filiale pénètre son âme; il étend la main vers
Lausus : « Jeune infortuné, que peut maintenant faire le pieux
Énée pour honorer tant de vertu? que peut-il t'offrir qui soit digne
de toi? Les armes qui te charmaient, je te les laisse. Que tes cendres, si cette faveur te touche encore, soient réunies, je le permets,
aux cendres de tes pères. Du moins, malheureux jeune homme,
qu'il te reste cette consolation de ta mort déplorable, que tu tombes
sous la main du grand Énée. » En même temps il appelle le premier
les compagnons de Lausus, qui hésitaient encore ; lui-même il soulève le jeune guerrier, dont les beaux cheveux étaient souillés de
sang.

Cependant Mézence, son père, aux bords du Tibre, étanchait le
sang de sa blessure dans les eaux du fleuve, et se délassait un moment de ses souffrances, appuyé contre le tronc d'un arbre. Non loin,

arma levia minacis,
et tunicam,
quam mater neverat
auro molli ;
sanguisque
implevit sinum :
tum vita
concessit mœsta ad Manes
per auras,
reliquitque corpus.
   At vero ut Anchisiades
vidit vultum et ora
morientis,
ora pallentia
modis miris,
miserans
ingemuit graviter,
tetenditque dextram,
et imago pietatis patriæ
subiit mentem :
« Quid, quid dignum
tanta indole
pius Æneas dabit
nunc tibi,
puer miserande,
pro istis laudibus ?
Habe tua arma,
quibus lætatus ;
remittoque te
Manibus et cineri
parentum,
si ea cura est qua.
Hoc tamen
infelix
solabere miseram mortem :
cadis dextra
magni Æneæ. »
Increpat ultro
socios cunctantes,
et sublevat terra ipsum
turpantem sanguine
capillos comtos de more.
   Interea genitor
ad undam fluminis Tiberini
siccabat vulnera lymphis,
levabatque corpus
acclinis trunco arboris :

armes légères du *jeune homme* menaçant,
et la tunique,
que *sa* mère avait tissue
d'un or délicat ;
et le sang
a rempli *son* sein :
alors *sa* vie (son âme)
se retira triste chez les Mânes
à travers les airs,
et abandonna *son* corps.
   Mais dès que le fils-d'Anchise
a vu le visage et les traits
de *Lausus* mourant,
ses traits qui pâlissent
d'une manière étonnante (affreuse),
ayant-pitié *de lui*
il gémit profondément,
et tendit *sa* droite *vers lui*,
et l'image de la piété paternelle (filiale)
pénétra-dans *son* âme :
« Quoi, quoi de digne
d'un si grand caractère
le pieux Enée donnera-t-il
maintenant à toi,
jeune-homme qui-mérites-la-pitié.
en retour de ces (tes) actions-glorieuses ?
Aie (garde) tes armes,
dont tu étais-fier ;
et je rends toi
aux Mânes et à la cendre
de *tes* parents,
si ce souci *en* est un *pour toi*.
Par ceci toutefois
infortuné
tu te consoleras de *ta* déplorable mort :
tu tombes sous la droite
du grand Enée. »
Il gourmande de lui-même
les compagnons *de Lausus* qui tardent,
et soulève de terre *Lausus* lui-même
qui souille de sang
ses cheveux arrangés suivant l'usage.
   Cependant *son* père
près de l'onde du fleuve du-Tibre
étanchait *sa* blessure avec des eaux,
et soulageait *son* corps
s'appuyant au tronc d'un arbre :

Dependet galea, et prato gravia arma quiescunt.
Stant lecti circum juvenes ; ipse æger, anhelans,
Colla fovet, fusus propexam in pectore barbam ;
Multa super Lauso rogitat, multumque remittit,
Qui revocent, mœstique ferant mandata parentis.   840
At Lausum socii exanimem super arma ferebant
Flentes, ingentem, atque ingenti vulnere victum.
Agnovit longe gemitum præsaga mali mens :
Canitiem immundo deformat pulvere, et ambas
Ad cœlum tendit palmas, et corpore inhæret :   845
« Tantane me tenuit vivendi, nate, voluptas
Ut pro me hostili paterer succedere dextræ
Quem genui ! Tuane hæc genitor per vulnera servor,
Morte tua vivens ? Heu ! nunc misero mihi demum
Exsilium infelix ! nunc alte vulnus adactum !   850
Idem ego, nate, tuum maculavi crimine nomen,
Pulsus ob invidiam solio sceptrisque paternis.

son casque d'airain pend à un rameau, et ses armes pesantes reposent sur le gazon. L'élite de ses guerriers l'entoure ; lui, faible, haletant, accablé, il soutient avec peine sa tête languissante, et laisse tomber sur sa poitrine les flots de sa barbe épaisse. Il s'informe sans cesse de Lausus ; sans cesse il envoie des messagers pour lui porter les ordres d'un père alarmé et le rappeler du combat. Mais voici que les compagnons de Lausus rapportaient, en pleurant, étendu sans vie et sur ses armes, ce grand guerrier abattu par un grand coup. De loin leurs gémissements portent au cœur de Mézence le présage de son malheur. Il souille ses cheveux blancs d'une horrible poussière, il lève ses deux mains vers le ciel, et, s'attachant au corps de son fils : « Ai-je donc assez aimé la vie, ô mon fils, pour souffrir que tu te sois jeté entre moi et le glaive ennemi, toi né de mon sang ! Quoi ! ton père n'a pu être sauvé que par tes blessures ! et je vis par ta mort ! Ah ! malheureux ! c'est maintenant que je sens toute l'horreur de mon exil ! c'est maintenant que ma blessure est profonde ! N'était-ce pas assez, ô mon fils, que mon opprobre eût souillé ton nom ; que la haine allumée par mes crimes m'eût chassé

procul galea ærea	à-quelque-distance *son* casque d'-airain
dependet ramis ,	pend à des branches ,
et arma gravia	et *ses* armes pesantes
quiescunt prato.	reposent dans la prairie.
Juvenes lecti	Des guerriers choisis (d'élite)
stant circum ;	se tiennent autour *de lui* ;
ipse æger, anhelans ,	lui-même malade, haletant,
fovet colla,	repose *son* cou (menton) *sur sa poitrine* ,
fusus in pectore	répandu sur *sa* poitrine
barbam	quant à *sa* barbe
propexam ;	peignée-en-avant (longue) ;
rogitat multa	il demande beaucoup de choses
super Lauso,	au sujet de Lausus,
remittitque multum	et envoie fréquemment *des gens*
qui revocent ,	qui *le* rappellent (pour le rappeler),
ferantque mandata	et *lui* portent les ordres
parentis mœsti.	de *son* père affligé (alarmé).
At socii	Mais *ses* compagnons
ferebant super arma flentes	apportaient sur *ses* armes en pleurant
Lausum exanimem ,	Lausus inanimé ,
ingentem ,	*Lausus* grand ,
atque victum	et vaincu
ingenti vulnere.	par une grande blessure.
Mens præsaga mali	*Son* esprit qui-pressent le mal
agnovit longe gemitum :	a reconnu de loin les gémissements :
deformat canitiem	il souille *ses* cheveux-blancs
pulvere immundo,	d'une poussière sale ,
et tendit ad cœlum	et tend vers le ciel
ambas palmas,	*ses* deux mains,
et inhæret corpore :	et s'attache au corps *de son fils* :
« Tantane voluptas vivendi	« Un si grand plaisir de vivre
tenuit me, nate,	a-t-il tenu (possédé) moi , *mon fils* ,
ut paterer quem genui	que je souffrisse *celui* que j'ai engendré
succedere pro me	se placer au lieu de moi
dextræ hostili ?	sous la droite de-l'ennemi ?
Genitorne servor	*Moi ton* père suis-je *donc* conservé
per hæc vulnera tua ,	grâce à ces blessures tiennes ,
vivens tua morte ?	vivant par ta mort ?
Heu ! nunc demum	Hélas ! maintenant seulement-enfin
exsilium infelix	l'exil *est* malheureux (dur)
mihi misero !	pour moi infortuné !
nunc vulnus	maintenant la blessure
adactum alte !	*est* enfoncée profondément !
Ego idem , nate,	Moi le même (moi, oui, moi), *mon* fils ,
maculavi tuum nomen	j'ai souillé ton nom
crimine,	par *mon* crime ,
pulsus ob invidiam	chassé à cause de la haine *de mes peuples*

Debueram patriæ pœnas odiisque meorum :
Omnes per mortes animam sontem ipse dedissem.
Nunc vivo, neque adhuc homines lucemque relinquo!   855
Sed linquam. » Simul, hoc dicens, attollit in ægrum
Se femur, et, quanquam vis alto vulnere tardat,
Haud dejectus, equum duci jubet : hoc decus illi,
Hoc solamen erat ; bellis hoc victor abibat
Omnibus. Alloquitur mœrentem, et talibus infit :   860
« Rhœbe, diu, res si qua diu mortalibus ulla est,
Viximus : aut hodie victor spolia illa cruenta,
Et caput Æneæ referes, Lausique dolorum
Ultor eris mecum ; aut, aperit si nulla viam vis,
Occumbes pariter : neque enim, fortissime, credo,   865
Jussa aliena pati et dominos dignabere Teucros. »
    Dixit ; et exceptus tergo consueta locavit
Membra, manusque ambas jaculis oneravit acutis,
Ære caput fulgens, cristaque hirsutus equina.

du trône et ravi le sceptre paternel! C'est sur moi que devaient tomber et la vengeance de ma patrie et le juste ressentiment de mes peuples ; je devais moi-même offrir ma criminelle vie à tous les genres de supplices, et je respire encore! et je n'ai pas quitté les hommes et la lumière.... Mais je les quitterai! » En disant ces mots, il se soulève sur sa cuisse meurtrie, et quoique affaibli par sa profonde et douloureuse blessure, il se dresse, et ordonne qu'on lui amène son coursier. C'était son orgueil, sa consolation ; c'était avec lui qu'il était revenu vainqueur de tous les combats. Il le voit triste comme lui, et lui parle en ces termes : « Rhèbe, nous avons longtemps vécu, s'il est quelque chose de longue durée pour les mortels : aujourd'hui donc, ou tu reviendras vainqueur et chargé des dépouilles sanglantes et de la tête d'Énée, et tu seras avec moi le vengeur du cruel trépas de Lausus; ou, si nos efforts ne nous ouvrent aucun chemin vers la gloire, nous tomberons ensemble; car, ô noble et courageux coursier, je ne crois pas que tu veuilles souffrir une domination étrangère et subir des maîtres Troyens. »

    Il dit ; et presse le dos du coursier de son poids accoutumé; il arme ses deux mains de javelots aigus et couvre son front d'un casque dont l'airain étincelle et qu'ombragent les crins ondoyants d'une

solio sceptrisque paternis.	du trône et du sceptre de-*mes*-pères.
Debueram pœnas	J'avais dû (je devais) des peines
patriæ odiisque meorum :	à *ma* patrie et aux haines des miens :
dedissem ipse	j'aurais dû donner (rendre) *moi*-même
per omnes mortes	par toutes les morts *possibles*
animam sontem.	*mon* âme coupable.
Nunc vivo,	Maintenant je vis,
neque relinquo adhuc	et je n'abandonne pas encore
homines lucemque!	les hommes et la lumière!
sed linquam. »	mais je *les* abandonnerai. »
Dicens hoc,	En disant cela,
simul se attollit	en même temps il se soulève
in femur ægrum,	sur *sa* cuisse malade,
et, quanquam vis	et, quoique la violence *de la douleur*
vulnere alto	*causée* par *sa* blessure profonde
tardat,	*le* retarde,
haud dejectus,	non abattu *par le courage*,
jubet equum duci :	il ordonne *son* cheval être amené :
hoc erat illi decus,	c'était à lui *sa* gloire,
hoc solamen ;	c'*était sa* consolation ;
hoc abibat victor	sur ce *cheval* il s'en allait vainqueur
omnibus bellis.	de toutes les guerres.
Alloquitur mœrentem,	Il parle-à *son coursier* affligé,
et infit talibus :	et commence en de tels *termes* :
« Rhœbe, viximus diu,	« Rhèbe, nous avons vécu longtemps,
si ulla qua res est diu	si quelque chose est longtemps
mortalibus :	pour les mortels :
aut hodie victor	ou aujourd'hui vainqueur
referes illa spolia cruenta,	tu rapporteras ces (les) dépouilles san-
et caput Æneæ,	et la tête d'Enée, [glantes,
erisque mecum ultor	et tu seras avec-moi le vengeur
dolorum Lausi ;	des douleurs (de la mort) de Lausus ;
aut, si nulla vis	ou, si aucun effort
aperit viam,	ne *nous* ouvre une route,
occumbes pariter :	tu tomberas pareillement (avec moi) :
neque enim dignabere,	et tu ne jugeras-pas-digne en effet,
credo, fortissime,	je *le* crois, *coursier* très-courageux,
pati jussa aliena	de souffrir des ordres étrangers
et dominos Teucros. »	et des maîtres Troyens. »
Dixit ;	Il dit ;
et exceptus tergo	et reçu sur le dos *du cheval*
locavit membra	il y plaça *ses* membres
consueta,	accoutumés *à s'y asseoir*,
oneravitque ambas manus	et chargea *ses* deux mains
jaculis acutis,	de javelots aigus,
fulgens ære caput,	brillant d'airain quant à *sa* tête,
hirsutusque	et hérissé

Sic cursum in medios rapidus dedit : æstuat ingens   870
Imo in corde pudor, mixtoque insania luctu,
Et furiis agitatus amor, et conscia virtus.
Atque hic Ænean magna ter voce vocavit.
Æneas agnovit enim, lætusque precatur :
« Sic pater ille deum faciat, sic altus Apollo,   875
Incipias conferre manum ! »
Tantum effatus, et infesta subit obvius hasta.
Ille autem : « Quid me erepto, sævissime, nato
Terres? hæc via sola fuit, qua perdere posses.
Nec mortem horremus, nec divum parcimus ulli.   880
Desine : jam venio moriturus, et hæc tibi porto
Dona prius. » Dixit, telumque intorsit in hostem,
Inde aliud super atque aliud figitque, volatque
Ingenti gyro ; sed sustinet aureus umbo.
Ter circum adstantem lævos equitavit in orbes,   885
Tela manu jaciens ; ter secum Troius heros
Immanem ærato circumfert tegmine silvam.

aigrette : tel, il s'élance rapide au milieu des ennemis. Au fond de son cœur bouillonnent à la fois la honte, l'aveugle douleur, l'amour paternel agité par les Furies et une énergique confiance en ses forces. Trois fois d'une voix terrible il appelle Énée. Énée l'entend, le reconnaît, et s'écrie, plein de joie : « Fasse le roi des dieux, fasse le grand Apollon que tu engages le combat! » En même temps il marche à lui la lance homicide en arrêt. Mézence alors : « Barbare, après m'avoir ravi mon fils, penses-tu m'effrayer encore ? Tu as trouvé le seul moyen qui pouvait t'assurer ma perte. Je ne redoute point la mort, et mon mépris n'épargne aucun des dieux. Cesse tes menaces : je suis venu pour mourir, mais avant je t'envoie ces présents. » Il dit, et lance un javelot contre son ennemi, puis un second, puis un troisième, et vole en décrivant autour d'Énée un vaste cercle; mais le bouclier d'or résiste à tous les traits. Trois fois, Mézence voltige autour de son adversaire, et lui lance, en courant, une grêle de flèches; trois fois, le héros Troyen tourne comme Mézence en se couvrant de son bouclier que hérisse une forêt de dards. Las enfin de se

crista equina.	d'une aigrette de-crins-de-cheval.
Sic rapidus	Ainsi (tel) rapide
dedit cursum	il donna sa course (s'élança)
in medios :	au milieu des *combattants* :
ingens pudor	une immense honte
æstuat in imo corde ,	bouillonne au fond de *son* cœur,
insaniaque luctu mixto ,	et la démence avec la douleur qui-s'y-mêle,
et amor agitatus furiis ,	et l'amour *paternel* agité par les furies ,
et virtus conscia.	et la valeur qui-a-conscience-d'elle-même.
Atque hic magna voce	Et alors d'une grande voix
vocavit ter Ænean.	il appela trois-fois Enée.
Æneas agnovit enim ,	Enée *le* reconnut en effet,
lœtusque precatur :	et joyeux il prie :
« Ille pater deum	« Que ce *puissant* père des dieux
faciat sic ,	fasse (veuille) ainsi ,
altus Apollo sic ,	que le haut (grand) Apollon *fasse* ainsi,
incipias	que tu commences
conferre manum. »	à engager la main (à combattre). »
Effatus tantum ,	Il dit tout-autant,
et subit obvius	et s'avance au-devant *de lui*
hasta infesta.	avec une pique menaçante.
Ille autem :	Mais lui (Mézence) :
« Quid , sævissime,	« Pourquoi, *homme* très-cruel,
terres me ,	effrayes-tu moi,
nato erepto?	*mon* fils *m'ayant* été ravi?
hæc fuit sola via,	c'était la seule route,
qua posses perdere.	par où tu pusses *me* perdre.
Nec horremus mortem ,	Et nous ne craignons pas la mort,
nec parcimus ulli divum	et nous n'épargnons aucun des dieux (je les
Desine :	Cesse : [hais tous).
venio jam moriturus,	je viens déjà devant mourir,
et porto tibi prius	et j'apporte à toi auparavant
hæc dona. »	ces présents. »
Dixit,	Il dit,
intorsitque telum	et lança un trait
in hostem ,	contre *son* ennemi,
inde figitque super	puis et il *en* lance en outre
aliud atque aliud ,	un autre et un autre,
volatque ingenti gyro ;	et vole dans un grand cercle ;
sed umbo aureus sustinet.	mais le bouclier d'-or *les* soutient.
Ter equitavit	Trois-fois il alla-à-cheval
in orbes lævos	en cercles à-gauche
circum adstantem ,	autour d'*Enée* qui-se-tenait-debout,
jaciens tela manu ;	lançant des traits de *sa* main ;
ter heros Troius	trois-fois le héros Troyen
circumfert secum	tourne-en-portant avec-lui
immanem silvam	une immense forêt *de traits*

Inde, ubi tot traxisse moras, tot spicula tædet
Vellere, et urgetur pugna congressus iniqua,
Multa movens animo, jam tandem erumpit, et inter   890
Bellatoris equi cava tempora conjicit hastam.
Tollit se arrectum quadrupes, et calcibus auras
Verberat, effusumque equitem super ipse secutus
Implicat, ejectoque incumbit cernuus armo.

    Clamore incendunt cœlum Troesque Latinique.   895
Advolat Æneas, vaginaque eripit ensem,
Et super hæc : « Ubi nunc Mezentius acer, et illa
Effera vis animi? » Contra Tyrrhenus, ut auras
Suspiciens hausit cœlum, mentemque recepit :
« Hostis amare, quid increpitas, mortemque minaris?   900
Nullum in cæde nefas; nec sic ad prælia veni,
Nec tecum meus hæc pepigit mihi fœdera Lausus.
Unum hoc, per, si qua est victis venia hostibus, oro,
Corpus humo patiare tegi : scio acerba meorum

voir arrêté si longtemps, d'arracher de son bouclier tant de traits et
de s'épuiser en vains efforts dans cette lutte inégale, Énée se recueille
un moment, et tout à coup, s'élançant, enfonce son javelot dans les
tempes du belliqueux coursier. L'animal se cabre, de ses pieds frappe
les airs, renverse son cavalier, et tombe lui-même sur son maître,
qu'il accable de son poids.

    Le ciel retentit des clameurs et des Troyens et des Latins ; Énée
vole à son ennemi, et, tirant son épée du fourreau : « Où est maintenant, s'écrie-t-il, le terrible Mézence? Qu'as-tu fait de ta farouche audace? » A ces mots, le Tyrrhénien, levant les yeux au ciel et reprenant
ses esprits : « Impitoyable ennemi, dit-il, pourquoi ces outrages et ces
menaces de mort? Tu peux, sans crime, m'arracher la vie : je ne suis
point venu te combattre pour être épargné, et mon Lausus n'a point
fait avec toi un si honteux traité pour les jours de son père. Cependant,
s'il est quelque grâce pour les vaincus, je te prie de souffrir qu'un
peu de terre couvre mon corps. Je suis entouré, je le sais, de la

tegmine ærato.	sur *sa* couverture (son bouclier) d'-airain.
Inde, ubi tædet	Puis, lorsque l'ennui-*le*-gagne
traxisse tot moras,	d'avoir prolongé tant de délais ,
vellere tot spicula,	d'arracher tant de traits ,
et urgetur	et *qu'*il est pressé
congressus pugna iniqua,	luttant dans un combat désavantageux,
movens animo	agitant dans *son* esprit
multa,	beaucoup de *pensées*,
jam tandem erumpit,	déjà enfin il s'élance ,
et conjicit hastam	et jette une javeline
inter tempora cava	entre les tempes creuses
equi bellatoris.	du cheval de-guerre.
Quadrupes	Le quadrupède
se tollit arrectum ,	se lève dressé ,
et verberat auras calcibus,	et frappe les airs de *ses* pieds ,
secutusque ipse super	et suivant (tombant) lui-même par-dessus
implicat equitem effusum ,	il embarrasse *son* cavalier renversé,
cernuusque	et abattu
incumbit armo	il pèse de *son* épaule.
ejecto.	sur *Mézence* jeté-à-bas.
Troesque Latinique	Et les Troyens et les Latins
incendunt cœlum clamore.	enflamment (remplissent) le ciel de cris.
Æneas advolat,	Énée accourt,
eripitque ensem vagina ,	et tire *son* épée du fourreau ,
et super hæc :	et de plus *dit* ces *mots* :
« Ubi nunc	« Où *est* maintenant
acer Mezentius,	le bouillant Mézence,
et illa vis effera animi ? »	et cette énergie farouche de courage ? »
Contra Tyrrhenus,	En-réponse le Tyrrhénien ,
ut suspiciens auras	dès que regardant-en-haut les airs
hausit cœlum,	il a puisé (vu) le ciel,
recepitque mentem :	et a recouvré *son* esprit (ses sens):
« Hostis amare,	« Ennemi amer (cruel),
quid increpitas,	pourquoi *m'*insultes-tu,
minarisque mortem ?	et *me* menaces-tu de la mort ?
Nullum nefas in cæde;	*Il n'y a* aucun crime dans le meurtre;
nec veni ad prælia	et je ne suis pas venu aux combats
sic,	ainsi (à condition d'être épargné),
nec meus Lausus pepigit	et mon Lausus n'a pas conclu
hæc fœdera mihi tecum.	ce traité pour moi avec-toi.
Oro hoc unum ,	Je *te* demande ceci seul ,
per,	par *la grâce que l'on fait aux vaincus*,
si qua venia est	si quelque grâce est
hostibus victis ,	pour des ennemis vaincus,
patiare corpus	souffre *mon* corps
tegi humo :	être couvert de terre :
scio odia acerba meorum	je sais que les haines implacables des miens

Circumstare odia; hunc, oro, defende furorem,   905
. Et me consortem nati concede sepulcro. »
. Hæc loquitur, juguloque haud inscius accipit ensem,
Undantique animam diffundit in arma cruore.

haine implacable des miens ; garantis-moi , je t'en conjure, de leur
fureur, et permets que je repose dans le même tombeau que mon fils. »
En achevant ces mots, il reçoit dans la gorge le coup qu'il attendait,
et son âme s'échappe avec les flots de sang qui coulent sur ses armes.

circumstare ;	*m*'environnent (m'entourent);
defénde , oro ,	écarte, je *t'en* prie ,
hunc furorem,	cette (leur) fureur,
et concede me consortem	et accorde-moi *comme* compagnon
sepulcro nati. »	au tombeau de *mon* fils. »
Loquitur hæc ,	Il dit ces *mots*,
accipitque ensem jugulo	et reçoit l'épée dans *sa* gorge
haud inscius ,	n'*étant* pas dans-l'ignorance *de son sort*,
diffunditque animam	et répand *sa* vie
in arma	sur *ses* armes
cruore undanti.	avec du sang à-bouillons.

NOTES.

Page 8 : 1. *Est Amathus , est celsa mihi Paphos atque Cythera, Idaliæque domus. Amathus, Amathonte ,* aujourd'hui *Limisso ,* ville de l'île de Chypre sur la côte méridionale. Elle était fameuse comme Paphos, dans la même île, par un temple de Vénus qui est souvent appelée *Amathusia.* — *Paphos.* Voyez sur *Paphos* la note du livre I, page 45. — *Cythera, Cythère,* aujourd'hui *Cérigo,* île située près de la côte sud de la Laconie, et non loin de l'île de Crète. La fable dit que c'est auprès de Cythère que Vénus naquit de l'écume de la mer. Toute l'île était consacrée à cette déesse ; elle y avait un temple superbe , et c'est de là qu'on la nomme quelquefois *Cytherea.* — *Idaliæ.* Voyez sur l'*Idalie* la note du livre I, page 47.

Page 14 : 1. *Stygii per flumina fratris , etc.* On a déjà vu ces trois vers , livre IX, 104 et suiv.

Page 16 : 1. *Lyrnessius,* de *Lyrnesse.* C'était une ville de la Mysie, voisine du golfe Adramite. Elle fut pillée par Achille, qui y fit prisonnière la belle Briséis.

Page 18 : 1. *Oricia terebintho. Oricum,* ville d'Épire, près des monts Cérauniens, dans la Chaonie. Autour de cette ville croissait en abondance l'arbre qu'on nomme *térébinthe ,* dont le bois est noir et résineux , et la feuille semblable à celle du buis.

Page 20 : 1. *Pandite nunc Helicona , deæ, cantusque movete.* Ce vers se trouve déjà , livre VII, 641.

Page 22 : 1. *Clusi. Clusium,* aujourd'hui *Chiusi,* ville d'Étrurie, sur le bord d'un lac que traverse le Clanis avant de se jeter dans le Tibre.

— 2. *Populonia.... ast Ilva, etc. Populonia* ou *Populonium ,* ville d'Étrurie sur les bords de la mer Tyrrhénienne. Elle était bâtie sur un promontoire de même nom, vis-à-vis l'île d'*Ilva,* aujourd'hui l'île d'Elbe , qui est citée dans le vers suivant.

— 3. *Cærete.... Minionis.... Pyrgi.... Graviscæ.* La ville de *Céré*, anciennement *Agylla.* Voy. la note, livre VIII, p. 96. — *Minionis*, aujourd'hui le *Mugnone;* il naissait auprès de Sutrium et se jetait dans la mer de Toscane. — *Pyrgi*, ville d'Étrurie sur la mer, auprès de la voie Aurélia. C'était le port de Céré ou Agylla. Elle n'était pas éloignée de Gravisque, que Virgile nomme dans le même vers et qu'il appelle *intempestæ*, parce qu'elle était entourée de marais qui en rendaient l'air malsain.

Page 24 : 1. *Ocnus ab oris, fatidicæ Mantus.* Voy. sur *Ocnus* et *Mantus*, *Bucol.* IX, aux notes, p. 71.

Page 26 : 1. *Mincius.... pinu.* Le *Mincio*, aujourd'hui *Menzo.* Voyez *Bucol.* VII, et aux notes.

Page 28 : 1. *Vigilasne, deum gens, Ænea? Vigila.* Servius fait observer que ces mots, *vigilasne? vigila*, étaient la formule adressée par les Vestales, en certains jours de l'année, à l'un des pontifes qu'on nommait *rex sacrificulus.*

Page 30 : 1. *Cui Dindyma cordi.* Voy. livre IX, 618 et aux notes.

Page 68 : 1. *Tacitis.... Amyclis. Amyclée*, aujourd'hui *Sperlonga*, ville d'Italie sur le bord de la mer, dans le voisinage de Fundi, entre Terracine et Caïète, fut fondée par une colonie de Grecs venus de l'Amycle laconienne. On prétend que ses habitants, sectateurs de Pythagore, observaient le silence de cinq ans prescrit par ce philosophe, et l'on explique en ce sens l'épithète *tacitis*. D'autres disent qu'il leur était défendu par une loi de répandre l'effroi par de mauvaises nouvelles, fussent-elles vraies, pour éviter la terreur panique; singulière précaution qui les fit surprendre par l'ennemi, dont personne n'avait osé annoncer l'arrivée. Cette explication se trouve confirmée par un passage de Lucilius : *Mihi necesse est loqui; nam scio Amyclas tacendo periisse.*

Page 84 : 1. *Vesulus*, aujourd'hui *Viso.* C'est le nom d'un trèshaut sommet des Alpes Cottiennes. La source du Pô est au pied de cette montagne, où l'on trouvait d'énormes sangliers.

Page 86 : 1. *Corythi*. *Corythe*, aujourd'hui *Cortone*, ville située près du lac de Trasimène, entre le Clanis et le Tibre.

Page 88 : 1. *Lætum pœana*. Chant de joie. Le *pœan* était proprement un hymne en l'honneur d'Apollon, qui est quelquefois nommé *Pœan*, comme dans ce passage de Juvénal : *Pœan contrahit arcum*. Sat. VI, 125.

LIBRAIRIE DE L. HACHETTE ET Cie,

RUE PIERRE-SARRAZIN, N° 14, A PARIS

(Près de l'École de médecine).

CLASSIQUES GRECS, LATINS ET FRANÇAIS

NOUVELLES ÉDITIONS FORMAT IN-12

PUBLIÉES AVEC DES NOTES EN FRANÇAIS.

(Les noms des Annotateurs sont indiqués entre parenthèses.)

Ces éditions se recommandent par 1° la correction des textes ; 2° la clarté des notes ; 3° la bonne exécution typographique ; 4° la solidité des cartonnages ; 5° la modicité des prix.

CLASSIQUES GRECS.

EN VENTE :

ARISTOPHANE : *Plutus* (Ducasau). Prix. 1 fr. 20 c.

BABRIUS : *Fables*. (Th. Fix.) 60 c.

DÉMOSTHÈNE : *Discours contre la loi de Leptine.* (Stiévenart, doyen de la Faculté des lettres de Dijon.) 90 c.
— *Discours pour Ctésiphon ou sur la Couronne.* (E. Sommer, agrégé des classes supérieures, docteur ès lettres.) 1 fr. 10 c.
— *Harangue sur les prévarications de l'ambassade.* (Stiévenart.) 1 fr. 25 c.
— *Les trois Olynthiennes.* (Materne, censeur du lycée Saint-Louis.) 45 c.
— *Les quatre Philippiques* (Materne.) Prix. 70 c.

ESCHYLE : *Les Sept contre Thèbes.* (Materne.) 1 fr.

ÉSOPE : *Fables choisies.* (E. Sommer.) Prix. 90 c.

EURIPIDE : *Électre.* (Fix.) 1 fr.
— *Hécube.* (A. Regnier.) 90 c.
— *Hippolyte.* (Th. Fix.) 1 fr.
— *Iphigénie en Aulide.* (Th. Fix et Ph. Le Bas.) 90 c.

HÉRODOTE : Livre premier, *Clio.* (Sommer.) 1 fr. 60 c.

HOMÈRE : *Odyssée.* (Sommer.) 3 fr.
L'*Odyssée* se vend aussi divisée en six parties. Prix de chaque partie. 65 c.

ISOCRATE : *Archidamus.* (C. Leprévost, professeur au lycée Bonaparte.) Prix. 60 c.
— *Éloge d'Evagoras.* (Sommer.) 50 c.

LUCIEN : *Choix des dialogues des morts.* Nouvelle édition conforme au texte officiel. (Pessonneaux, professeur au lycée Napoléon.) 90 c.
— *Nigrinus.* (C. Leprévost.) 50 c.
— *Le Songe ou sa vie.* (C. Leprévost.) Prix. 50 c.

PINDARE : (Th. Fix et Sommer) :
— *Isthmiques* (les). 1 fr.
— *Néméennes* (les). 1 fr. 25 c.
— *Olympiques* (les). 1 fr. 75 c.
— *Pythiques* (les). 1 fr. 75 c.

PLATON : *Alcibiade* (le 1er). 70 c.
— *Alcibiade* (le 2e). 60 c.
— *Apologie de Socrate* (Talbot, professeur au lycée Charlemagne.) 65 c.
— *Criton* (Waddington-Kastus), profes-

SUITE DES CLASSIQUES GRECS.

seur agrégé de philosophie à la Faculté des lettres de Paris.) 50 c.

PLATON : *Phédon*. (Sommer.) 65 c.

PLUTARQUE : *De la lecture des poëtes*. (Ch. Aubert, professeur au lycée Louis-le-Grand.) 1 fr. 25 c.

— *De l'éducation des enfants*. (C. Bailly, inspecteur d'académie.) 75 c.

— *Vie d'Alexandre*. (V. Bétolaud, professeur au lycée Charlemagne.) 90 c.

— *Vie de César*. (Materne.) 90 c.

— *Vie de Cicéron*. (Talbot, professeur au lycée Louis-le-Grand). 90 c.

— *Vie de Démosthène*. (Sommer.) 90 c.

— *Vie de Pompée*. (Druon, proviseur du lycée de Cahors.) 1 fr.

— *Vie de Solon*. (Deltour, professeur au lycée Louis-le-Grand.) 1 fr.

PLUTARQUE : *Vie de Thémistocle* (Sommer.) 90 c.

SOPHOCLE : *OEdipe roi*. (Delzons, professeur au lycée de Rouen.) 1 fr.

THÉOCRITE : *Idylles choisies*. (L. Renier.) 1 fr. 25 c.

THUCYDIDE : *Guerre du Péloponnèse*, livre IIe. (Sommer.) 1 fr. 60 c.

XÉNOPHON : *Anabase*, livre premier. (Moncourt, professeur à la Faculté des lettres de Clermont.) 1 fr.

— *Cyropédie*. Livre premier. (C. Huret, inspecteur d'Académie.) 65 c.

— *Cyropédie*. Livre deuxième. (Huret.) Prix. 65 c.

— *Entretiens mémorables de Socrate* (les quatre livres). (Sommer.) 2 fr.

Chaque livraison séparément. 60 c.

———

CLASSIQUES LATINS.

EN VENTE :

CICERO : *De Amicitia dialogus*. (A. Legouëz, professeur au lycée Bonaparte.) Prix. 25 c.

— *De Officiis* libri tres. (H. Marchand, professeur au lycée de Versailles.) Prix. 90 c.

— *De Oratore libri tres*. (V. Bétolaud, professeur au lycée Charlemagne.) Prix. 1 fr. 50 c.

— *De Senectute dialogus*. (V. Paret, professeur au collége Rollin). 25 c.

— *Epistolæ selectæ*. (E. Sommer, agrégé des classes supérieures, docteur ès lettres.) 50 c.

— *In Catilinam orationes quatuor*. (E. Sommer.) 40 c.

— *In Verrem oratio de Signis*. (J. Thibault, ancien élève de l'École normale supérieure.) 40 c.

— *In Verrem oratio de Suppliciis*. (O. Dupont, ancien professeur au lycée Napoléon.) 40 c.

— *Pro Archia poeta*. (A. Chansselle, professeur au lycée d'Alger.) 20 c.

— *Pro Ligario*. (Matern, censeur du lycée Sain-Louis.) 20 c.

— *Pro Marcello*. (Materne.) 20 c.

— *Pro Milone*. (E. Sommer.) 25 c.

— *Pro Murena*. (J. Thibault.) 25 c.

— *Tusculanarum quæstionum libri quinque*. (C. Jourdain, agrégé de philosophie près les Facultés des lettres. Prix. 1 fr. 25 c.

CONCIONES : (F. Colincamp, professeur à la Faculté des lettres de Douai.) Prix. 2 fr.

CORNELIUS NEPOS : *Opera quæ supersunt*. (L. Quicherat.) 80 c.

HEUZET : *Selectæ e profanis scriptoribus historiæ*. (C. Leprévost, professeur au lycée Bonaparte.) 1 fr. 50 c.

HORATIUS FLACCUS (Sommer.) 1 f. 80

JUSTINUS : *Historiæ Philippicæ*. (E. Pessonneaux, professeur au lycée Napoléon.) 1 fr. 25 c.

LHOMOND : *De Viris illustribus Romæ*. (Chaine et Pront, anciens professeurs au lycée Charlemagne.) 90 c.

OVIDIUS : *Choix des Métamorphoses*. Nouvelle édition conforme au texte officiel. (G. Lesage, directeur de l'institution Barbet-Massin.) 1 fr. 25 c.

— *Selectæ fabulæ ex libris Metamorphoseon* (G. Lesage.) 1 fr.

PHÆDRUS : *Fabularum libri quinque, cum fabellis novis*. Édition suivie des imitations de La Fontaine et de Florian. (E. Talbert, censeur du lycée Charlemagne.) 75 c.

QUINTUS CURTIUS RUFUS : *De rebus*

SUITE DES CLASSIQUES LATINS.

gestis *Alexandri Magni libri super-stites.* (G. Lesage.) 1 fr. 50 c
SALLUSTIUS : *Catilina et Jugurtha.* (Croiset, professeur au lycée Saint-Louis.) 90 c.
TERENTIUS : *Adelphi.* (V. Bétolaud, prof. au lycée Charlemagne.) 75 c.
TITUS LIVIUS : *Narrationes selectæ*

et *res memorabiles.* (E. Sommer, agrégé des classes supérieures, docteur ès lettres.) 1 fr. 25 c.
VIRGILIUS MARO : *Opera.* (E. Sommer.) 2 fr.
— *Les Bucoliques et les Géorgiques,* séparément.) 75 c.

CLASSIQUES FRANÇAIS.

EN VENTE :

BOILEAU : *OEuvres poétiques.* (E. Geruzez, agrégé de la Faculté des lettres de Paris.) 1 fr. 25 c.
BOSSUET : *Discours sur l'histoire universelle.* (Olleris, doyen de la Faculté des lettres de Clermont.) 2 fr.
— *Oraisons funèbres.* (C. Aubert, professeur au lycée Louis-le-Grand.) Prix. 1 fr. 50 c.
CORNEILLE : *Théâtre choisi.* (E. Geruzez.) 2 fr. 50 c.
FÉNELON : *Dialogues des morts.* (B. Jullien, docteur ès lettres, licencié ès sciences.) 1 fr. 50 c.
— *Dialogues sur l'éloquence.* (Delzons, professeur au lycée de Rouen.) 75 c.
— *Opuscules académiques* contenant le discours de réception à l'Académie française, le mémoire sur les occupations de l'Académie et la lettre à l'Académie sur l'Éloquence, la Poésie, l'Histoire. (Delzons.) 75 c.
— *Les Aventures de Télémaque,* suivies des *Aventures d'Aristonoüs,* contenant les passages des auteurs grecs, latins et français, imités dans le *Télémaque,* des notes géographiques, et une notice sur Fénelon. (A. Chassang, docteur ès lettres. 1 fr. 25 c.

LA FONTAINE : *Fables,* précédées d'une notice biographique et littéraire et suivies de Philémon et Baucis. (E. Geruzez, agrégé de la Faculté des lettres de Paris.) 1 fr. 50 c.
MASSILLON : *Petit Carême.* (F. Colincamp, professeur à la Faculté des lettres de Douai.) 1 fr. 50 c.
MONTESQUIEU : *Considérations sur les causes de la grandeur des Romains et de leur décadence.* (C. Aubert, professeur au lycée Louis-le-Grand.) 1 fr. 25 c.
RACINE : *Théâtre choisi.* (E. Geruzez.) Prix. 2 fr. 50 c.
ROUSSEAU (J. B.) : *OEuvres lyriques,* suivies des plus belles odes des Lyriques français, et d'un recueil d'épigrammes. (E. Geruzez.) 1 fr. 50 c.
VOLTAIRE : *Histoire de Charles XII,* (Brochard-Dauteuille, ancien élève de l'École normale supérieure, agrégé d'histoire.) 1 fr. 50 c.
— *Siècle de Louis XIV.* (Garnier, agrégé d'histoire.) 2 fr. 50 c.
— *Théâtre choisi.* (E. Geruzez.) 2 fr. 50c.

DICTIONNAIRES CLASSIQUES.

LANGUE LATINE.

DICTIONNAIRE FRANÇAIS-LATIN, composé sur le plan du *Dictionnaire latin-français* et tiré des auteurs classiques latins pour la langue commune, les auteurs spéciaux pour la langue technique, des Pères de l'Église pour la langue sacrée et du Glossaire de Du Cange pour la langue du moyen âge, par M. L. QUICHERAT, agrégé de l'Université. 1 vol. grand in-8. Prix, cartonné en toile.   9 fr.

LEXIQUE FRANÇAIS-LATIN, à l'usage des commençants, extrait du *Dictionnaire français-latin* de M. L. QUICHERAT, et augmenté de toutes les formes de mots irréguliers ou difficiles; par M. SOMMER. 1 vol. in-8. Pr., cart. 3 fr. 50 c.

DICTIONNAIRE LATIN-FRANÇAIS, contenant plus de 1500 mots qu'on ne trouve dans aucun lexique publié jusqu'à ce jour, par MM. L. QUICHERAT, agrégé de l'Université, et A. DAVELUY, ancien professeur de rhétorique au lycée Napoléon, suivi d'un *Vocabulaire latin-français des noms propres de la langue latine*, par M. L. QUICHERAT. Ouvrage autorisé par le Conseil de l'instruction publique. 1 volume grand in-8. Prix, cartonné.   9 fr.
    Le même ouvrage, sans le *Vocabulaire*, cartonné.   8 fr.

LEXIQUE LATIN-FRANÇAIS, à l'usage des commençants, extrait du Dictionnaire latin-français de MM. QUICHERAT et DAVELUY, et augmenté de toutes les formes de mots irréguliers ou difficiles; par M. SOMMER, agrégé des classes supérieures, docteur ès lettres. 1 volume in-8. Prix, cartonné.   3 fr. 50 c.

THESAURUS POETICUS LINGUÆ LATINÆ, ou Dictionnaire prosodique et poétique de la langue latine, par M. L. QUICHERAT. Ouvrage autorisé par le Conseil de l'instruction publique. 1 volume grand in-8. Prix, cartonné.   8 fr.

LANGUE GRECQUE.

DICTIONNAIRE GREC-FRANÇAIS, par M. C. ALEXANDRE, inspecteur général de l'instruction publique. 11e *édition, entièrement refondue par l'auteur et considérablement augmentée.* Ouvrage autorisé par le Conseil de l'instruction publique. 1 très-fort volume grand in-8. Prix, cartonné.   15 fr.

LEXIQUE GREC-FRANÇAIS, à l'usage des commençants, ou *abrégé du Dictionnaire grec-français*, contenant tous les mots indistinctement et toutes les formes difficiles de la Bible, de l'Iliade et des auteurs qu'on explique dans les classes inférieures; par le même auteur. Ouvrage autorisé par le Conseil de l'instruction publique. 1 volume de 750 pages. Prix, cartonné.   7 fr. 50 c.

DICTIONNAIRE FRANÇAIS-GREC, par MM. ALEXANDRE, inspecteur général de l'instruction publique; PLANCHE, professeur émérite de rhétorique, et DEFAUCONPRET, directeur du collège Rollin. Nouvelle édition, refondue et augmentée. Ouvrage autorisé par le Conseil de l'instruction publique. 1 volume grand in-8. Prix, cartonné.   15 fr.

LEXIQUE FRANÇAIS-GREC, à l'usage des classes élémentaires, rédigé sur le plan du *Lexique français-latin*, extrait du grand dictionnaire de M. Quicherat, par M. Fréd. DUBNER. 1 vol. in-8, cart. 6 fr.

DICTIONNAIRE (NOUVEAU) FRANÇAIS-GREC, par M. OZANEAUX, inspecteur général de l'instruction publique; avec la collaboration de MM. ROGER et EBLING. 1 volume in-8. Prix, cartonné.   15 fr.

LANGUE ALLEMANDE.

DICTIONNAIRE CLASSIQUE ALLEMAND-FRANÇAIS ET FRANÇAIS-ALLEMAND, par W. DE SUCKAU. Ouvrage autorisé par le Conseil de l'instruction publique et adopté par le collège militaire de la Flèche et l'École de Saint-Cyr. 2 volumes petit in-8. Prix, brochés.   10 fr.
    Les deux volumes cartonnés en un.   11 fr.

Paris. — Typographie de Ch. Lahure et Cie, rue de Fleurus, 9.

www.ingramcontent.com/pod-product-compliance
Lightning Source LLC
Chambersburg PA
CBHW051742090426
42738CB00010B/2382